팔리지 않으면 크리에이티브가 아니다

# 我能让你的销量翻倍

［韩］IGM 世界经营研究院◎著
金善花◎译

CS
湖南文艺出版社
HUNAN LITERATURE AND ART PUBLISHING HOUSE
博集天卷
CS-BOOKY

**图书在版编目（CIP）数据**

我能让你的销量翻倍 /（韩）IGM世界经营研究院著；
金善花译. — 长沙：湖南文艺出版社，2013.12
ISBN 978-7-5404-6460-8

Ⅰ. ①我… Ⅱ. ①IGM… ②金… Ⅲ. ①企业管理—销
售管理 Ⅳ. ①F274

中国版本图书馆CIP数据核字（2013）第258019号

著作权合同登记号：图字：18-2013-370



**上架建议：企业管理・销售管理**

**我能让你的销量翻倍**

**作　　者：**（韩）IGM世界经营研究院
**译　　者：**金善花
**出 版 人：**刘清华
**责任编辑：**薛　健　刘诗哲
**监　　制：**张应娜
**特约策划：**郭亚维
**版权支持：**文赛峰
**出版发行：**湖南文艺出版社
（长沙市雨花区东二环一段508号　邮编：410014）
**网　　址：**www.hnwy.net
**印　　刷：**北京天宇万达印刷有限公司
**经　　销：**新华书店
**开　　本：**880mm × 1270mm　1/32
**字　　数：**120千字
**印　　张：**7
**版　　次：**2013年12月第1版
**印　　次：**2013年12月第1次印刷
**书　　号：**ISBN 978-7-5404-6460-8
**定　　价：**29.80元
（若有质量问题，请致电质量监督电话：010-84409925）

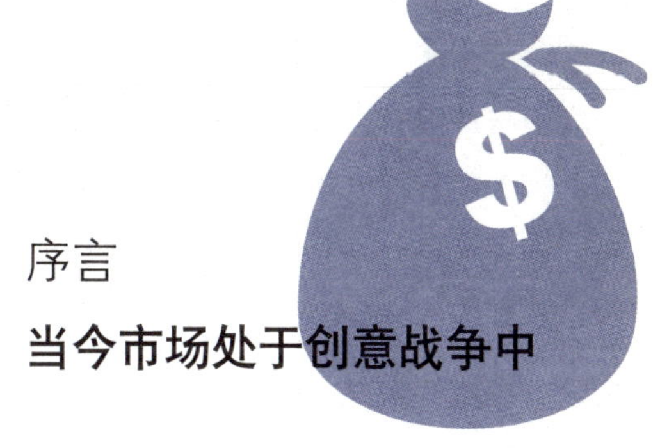

# 序言
# 当今市场处于创意战争中

我就职于世界经营研究院，所以经常能接触到很多国内外企业的经营案例。我们写一份讲义或报道常常要熬几个晚上去搜集案例，搜集的过程往往非常辛苦，但最终能用到的却非常少。这些案例都非常好，就这么白白废弃掉太可惜了，所以我想肯定有人想了解相关信息，如果能通过某种方式专门介绍下这些案例就好了。这时候正好《韩国经济报》邀请我给《IGM经营笔记》专栏写连载文章，要求每个月定期给他们提供1~2个企业案例。

就这样5年过去了，专栏介绍的企业已有100多个。刚开始我以为只要把搜集的资料整理整理就可以了，但是连载了几个月后，才知道根本不是那么回事。我们一共有两个人负责这项工作，我负责统稿，另一个人负责搜集资料，因为各种原因我们需要重新搜集整理资料，所以我们一直在赶时间。另外，公信力是经济日报的生命，所以我们还总因为担心资料出错而战战兢兢。实际上，确实出现过这种错误，有一次我们弄错了某个企业的销售额，第二天光为了矫正那个错误我们就忙得一团糟。

但与此同时，我们也得到了很多鼓励，有些读者给我们发邮件说学到了很多新的创意点子，有些读者认为连载的案例非常有意思，还有一些企业对我们介绍了这么多对韩国来说虽比较生疏，却能够开阔他们眼界的案例，表示感谢。这是我们从来没有期待过的意外的回报。

现在连载的内容可以制作成一本书了。报社创办该专栏最初的指导原则是：尽可能搜集其他媒体没有报道的案例，并以最简单的方式向大众介绍其成功秘诀。现在回过头来看我们对这一原则的实践情况，不免感到有些遗憾。但是，可以确定的是，通过这些案例，我们可以得到很多可借鉴的信息。

我们介绍的这些企业有个共同点，那就是拥有竞争对手没想到的创意，有让消费者自愿打开钱包消费的创意性思维改革。

通过创意改革，不管是在夕阳产业的红海领域，还是在与强大的竞争对手的较量中，这些企业都获得了成功。即使同行业有大企业在经营，竞争对手非常多，进入夕阳产业的红海领域，也可以通过创意获得成功，例如战胜麦当劳的“进进出出”汉堡店、改变旧书店概念的BOOKOFF[①]。

企业的创意改革中最重要的是了解消费者的心理，只有真

① BOOKOFF是日本最大的二手书连锁店，又被称为“新古书店”。

止了解消费者需求的企业才能获得胜利，尤其是能解读消费者隐藏在内心的隐性需求的企业才能品尝到胜利的果实。这就是把顾客转变成粉丝的Incase设计公司以及俘获5万名领带一族的“黑袜子网站”的成功秘诀。

能与消费者沟通不是成功的全部，每个企业都想在市场竞争中占据领头羊位置，但这也是最不安全的位置，瞬间排位颠倒的情况屡见不鲜。能够持续保持领先地位的企业都在不断尝试变化，寻找另一个创意点。但是，企业不管推出多么具有创新性的点子，从实行的那一刻起，这个点子就会变成下一个需要被创意改革的对象。联邦快递和花王掌控市场数十年的秘诀就在于领先业务的创意，但他们也不例外。

也就是创新且具生产力的思维改革需要通过了解消费者心理来改变当前的观念，而且需要不断追求变革的时候才能实现，这就是创意。

本书中介绍的创意并不是这些企业获得成功的唯一秘诀，因为每个企业都不可能只通过某一种单纯的因素而获得成功。企业所处的行业环境、CEO的领导能力、事业规模以及运气等很多因素都可以左右企业的成功与否。笔者在写这本书的时候也很担心这一点，但笔者同时相信读者们不会只看树木不见森林，所以才鼓足勇气写完了这本书。

这本书凝结了很多人的心血，IGM的研究员们是头等功臣。为了这本书，他们不断寻找成功企业案例，分析这些企业的成功秘诀，还进行了彻底的验证，他们付出了无数的努力。此外我还要感谢尹喜静室长以及李静敏、李和燕、尹慧仁、安胜斌、吴志英、崔慧丽、郑玄真、齐敏静、文郑华、朱莉·金、金胜爱、李高云、尹京赫研究员，还有编辑这本书的金美珍部长和组员们。最后感谢《韩国经济报》给我安排了绝佳的版面。

另外，还有很多优秀企业的成功案例没有被发现，我们还要发掘更多通过创意改革获得成功的企业案例，因此从现在开始，我们要更加努力，为出版这本书的第2部、第3部做准备。

2012年7月代表所有执笔人员

IGM世界经营研究院教授　赵美娜

# 目录
CONTENTS

导论：商业改革的创意 / 001

Paradox! 创意方法 1
解决不可调和的矛盾即可主宰市场

矛盾心理：
想低价买名牌VS名牌贵才叫名牌 / 002
两只兔子：
像经营快餐那样经营西餐厅 / 005
诉求与现实：
购买私人飞机，没钱也可以？ / 009
产品幻想：
保持高温但不会烧坏衣服的熨斗 / 011
改邪归正：
需要天才VS可用的人才在哪里？ / 013
相反课题：
短期业绩VS长远发展之间的高超平衡 / 016

## Superman! 创意方法 2
## 解决别人不想做的事

**苦恼：**

不用为特殊日子买高价衣服烦恼！我们借给你 / 020

**懒惰：**

点击一下，想看的电影就会送到家 / 024

**矛盾：**

不用卖车也可以拥有自己的专车 / 026

**厌烦：**

像游戏一样学习，效果增100倍 / 029

**等待：**

占据快递市场70%份额的公司有什么招？ / 031

**麻烦：**

只解决一个麻烦就能征服一个市场 / 034

## Hunt! 创意方法 3
## 创造新价值的人，在红海中找到蓝海

**弱势群体：**

所有快递员都是听觉残障人士——“奇迹快递” / 038

**新潮流：**

先用新媒体者得天下 / 041

**全民拥护：**

令奥巴马放不下、可口可乐垂涎的饮料Honest Tea / 045

**红海中的蓝海：**

美国最牛出租车公司开拓的新领域 / 049

**网上没有的：**

网上卖眼镜一夜爆富的穷大学生 / 052

**顾客的不便：**

生产手机饰品的企业有多赚钱？ / 055

**新空白：**

TV收费市场上获利的NDS / 058

**女人的钱：**

为什么越贵的指甲油反而越畅销？ / 061

**食品产品的命根：**

美国第一酸奶生产企业做了什么？ / 064

## Break! 创意方法 4 对习以为常的东西提出质疑

**偏见：**

经济萧条期，做什么反而最赚钱？ / 068

**常识：**

低收益领域也能创造高收益 / 073

/ 我能让你的销量翻倍 /

**错觉：**

傍定业界大款 / 076

**捡漏：**

4年收益增长30倍的某演艺公司 / 079

**森林：**

爱迪生发明的不是灯泡，是电网 / 082

**曲线：**

把广告做成演出 / 085

**惯性：**

企业也要打造自己的“特别部队” / 089

**比赛：**

向社会问创意、摆点子擂台的思科 / 091

**乌托邦：**

伊那食品工业的“年轮经营观” / 094

**动员：**

皮克斯动画工作室13年大获成功的秘决 / 099

**随机：**

只要有好点子，谁都可以当领导 / 103

## Redefine! 创意方法 5
## 将过时的再定义为超时代的

**发现价值：**

重新定义核心产品的价值而重生的漫威漫画 / 108

**核心技术：**

富士胶片制作化妆品？转型的成功典范 / 111

**形象代言：**

从蓝莓到郑亨敦，40岁三立面包的华丽变身 / 115

**概念化价值：**

世界名牌都在用的拉链 / 118

**价值桥梁：**

免费经济的二次盈利模式 / 122

**颠覆形象：**

柏青哥不是赌博，是娱乐 / 125

**彻底重建：**

本地化占领中国大陆市场 / 129

**回收垃圾：**

销售二手手机，4年成长18倍 / 132

**异域移植：**

创意也可以入股公司 / 135

## Date! 创意方法 6
# 和未知的世界的对接

**传统与网络：**

社交商务网站上没有卖不出去的商品 / 138

**从里到外：**

裸装红酒的大卖 / 141

**跨领域：**

年销售额500亿的巧克力企业转向另一个竞争市场 / 144

**大公司的专属物：**

年销售额13亿美元的软件商 / 147

**从理性到感性：**

占领世界广告市场的并购高手阳狮集团 / 150

**另一个时空：**

30年后，人们怎么工作？ / 153

**战略的中心轴：**

通用电气屹立百年不倒的密码 / 156

## Pick one! 创意方法 7
## 抓住最重要的一点

**奢侈：**

世界级奢侈品生产商的独家策略 / 162

**专用：**

极限运动人士专用耳机 / 165

**限量：**

苹果专属限量版全球唯此一家售 / 168

**极简：**

最畅销的不是最好的，而是最实用的 / 173

**唯一：**

培养消费者只使用自己品牌的洁癖 / 176

## Cut off! 创意方法 8
## 果断删除不需要的，减少妨碍因素

**没兴趣：**

我们的健身中心只有塑造S曲线的器械 / 180

**没需要：**

世界级酒店没有衣橱和西餐厅？ / 183

**不舍本：**

60多年致力于打造一种品质 / 187

**不必要：**

打折超市阿尔迪的高利润来自哪里？ / 191

**不强迫：**

让顾客成为企业的粉丝 / 194

**无泡沫：**

“裸包红酒”砍掉价格泡沫后，前景将会怎样？ / 197

**不浪费：**

三星派千名职员到一个小企业学习什么？ / 200

## 导论

# 商业改革的创意

不管你现在投身哪个行业，市场无疑都处于饱和状态，每个人感觉该有的、能有的，都已经有了，不会再出现“新鲜的”了。但是在这种饱和状态下，市场中的竞争仍如战争般激烈，并且愈演愈烈。

但是，市场上总会出现新的改革。改革的代名词苹果公司就不用说了，仔细观察一下，闲散劳动者收纳器的中介、实行系统化管理的婚介公司、成为密闭容器代名词的乐扣乐扣、解决消费者对炸酱面和汤面难以取舍问题的炸酱汤面，这些都是改变市场格局的改革。

这些创意打破了市场规律的界限，在萧条期也能让顾客消费。它们有个共同点，那就是超越了当前产品的价格、设计、技术差异，是思维改革的产物。换句话说，当前市场的竞争不是价格竞争，也不是设计竞争、技术竞争，而是“创意竞争”。

那么，企业如何才能做到在商业上有创意呢？创意曾专属于艺术领域。那么艺术领域的创意只要创新且出位就可以吗？不是。好的创意一定要能打动人和有趣味，而且还要有领域内专家认可的更细致的要素。商业创意也不能只是新鲜独特就行，它首先要有实用价值，即能给消费者带来实际利益，其次还要具有可行性。为此，你必须制造出新鲜感，又能满足人们自身还未察觉到的需求。此外，在费用和风险方面也要进行充分、合理的计算，确保产品经济适用。是不是觉得很困难？

观察一下最近10年内在不同领域成为弄潮儿的企业。我们在分析它们的改革方式的过程中发现了它们几个共同的特点，大致可分为“寻找没有的”“改变现有的”“消除已有的”，其中又包括看起来相似但又有不同的类型。以下8个方法可以说是商业上的创意的基本来源。

**寻找没有的**

第一，“Paradox！”（矛盾）　解决长久以来人们认为不能解决的矛盾，就像解决炸酱面和汤面的矛盾一样。奈捷特捕捉到有些人想乘坐私人飞机，但昂贵的价格让人却步的买卖矛盾，开发了“私人飞机共同购买”，即“股份持有”方式，还有解决石油资源日渐枯竭和人们不断增加的汽车购买欲的矛盾的混合动力汽车都是通过改革解决矛盾的例子。找一找我们生活中还存在什么矛盾，解决这些矛盾的方法就是新的点子，是让消费者打开钱包的创意点的新途径。

第二，“Superman！”（超人）　成为超人，解决别人不想解决、不能解决的问题。我们的生活中存在着很多人们习以为常的不便。比如，必须使用汽车，但是保养汽车非常麻烦；特殊的日子一定要穿正装或礼服，但是为了穿一次就购买这些又太浪费；每天早上想穿干净的袜子，但是洗袜子时要找到配对的袜子非常麻烦。这一切都可以变成商业机会。汽车租赁公司Zipcar（一家汽车共享租车公司），服装租赁公司Rent the Runway（租赁快速通道），配送黑色袜子、征服领带一族的“黑袜子网站”（Blacksocks.com）就是抓住了这种机会的典型企业。

第三，“Hunt！”（探索）　　寻找新的价值。注意到听觉残障人士的视觉能力，将其雇用为快递配送员以提高效率的印度快递公司“奇迹快递”就是很好的例子。虽说市场正处于红海状态，但只要用心就能找到还未开发的蓝海。当所有的汽车租赁公司在机场一决胜负的时候，美国在住宅区捕捉到汽车租赁需求，放弃机场转而在住宅区开创新天地，创立了Enterprise Rent-A-Car（企业号国际租车公司）。发现网络上没有销售眼镜的店家，Glasses Direct搭建了创新型的销售系统，在网络眼镜市场大获成功，也是非常好的例子。仔细观察一下，我们还没发现的机会无穷无尽。

**改变已有的**

第四，“Break！”（打破）　　打破常规限制。当大多数企业都集中攻占高收益领域时，很多企业跳出既定的框架，打破关于收益的常识，反而在低收益领域创造了高收益，获得了巨大成功。例如，为了寻找新的成长动力，思科系统公司打破公司的界限向大众寻求创意并获得了发展新事业的启示。再如，山本物流打破了对萧条期、消费冷淡的偏见，分析顾客的消费习惯，反而增加了收益。可以打破的条条框框还有很多，包括偏见、常识、错觉、惯例，对想当然的事情提出疑问也是产生创意的途径。

第五，“Redefine！”（再定义）　再定义这个词是根据环境变化改变核心事业或商业战略的经济学用语。拥有百年辉煌历史的柯达最终破产了，因为它没有及时应对胶卷时代向数码时代转变的环境变化。然而，同样身为胶卷企业的富士公司重新定义了胶卷的原材料硅胶的市场意义，进入化妆品领域并获得了成功。世界性拉链制造公司YKK（吉田工业株式会社）打破了传统拉链的定义，重新定义其价值，将拉链提升为奢侈品，成为路易威登、菲拉格慕的合作伙伴，获得了年销售额超过7兆韩元（约40亿元人民币）的成绩。从核心技术到价值、收益结构、身份、垃圾，都可以重新定义。

第六，“Date！”（联谊）　人们与异性第一次见面通常会激动，跨界联谊相当于和新世界见面。商业上也可以尝试一下联谊。很多人认为红酒只能用于优雅的场所，但速食红酒把这种高雅的消费品带到公园里也能大获成功。大多数企业认为

CRM[①] 是大公司的专属物，但Salesforce[②] 将CRM销售给小公司，同样取得了成功。从里到外、从大公司到小公司，跨领域联谊成功的案例很多。

**消除现有的**

第七，“Pick one!”（单一）　　只专注于一件事。比如将力量集中于某一件明星产品或主攻少数忠诚度较高的顾客。在同一件产品中，可以选择的主攻点也很多，选择其中的某一种功能进行集中推销也是创意的一种方法。网络商家亚马逊一直致力于提供“消费者所需的一切商品”，然而最近他们启用了新的战略“Get The Crap Out”（淘汰出局），这是销售模式改革的典型案例。

第八，“Out off!”（清除）　　消除不必要的一切。曲线（Curves）健身中心将目标顾客确定为女性，他们取消了所有与女性运动无关的运动器械以及物品保管箱等无关紧要的设备。

还有，阿尔迪和NakedWines[③] 去除了不必要的价格泡沫而给消费者以合理的价格。作业工序极简、创造出比丰田更高的生产力以及接近于零的不合格率的京三电机也是创意方面的典型。

---

① Customer Retationship Management，即客户关系管理。

② Salesforce是创建于1999年3月的一家客户关系管理（CPM）软件服务提供商。

③ 酒类电商。

当然，除了以上8种方式以外还有无数形态的创意方式，而且随着市场的发展以及我们的理性以及感性得到进一步激发，市场上还会出现当前情况下无法想象的创意点。但是，目前这几种方式就可以有效地帮助企业实施改革。

Paradox!

## 创意方法 1

# 解决不可调和的矛盾即可主宰市场

矛盾心理：想低价买名牌VS名牌贵才叫名牌

两只兔子：像经营快餐那样经营西餐厅

诉求与现实：购买私人飞机，没钱也可以？

产品幻想：保持高温但不会烧坏衣服的熨斗

改邪归正：需要天才VS可用的人才在哪里？

相反课题：短期业绩VS长远发展之间的高超平衡

## 矛盾心理：
### 想低价买名牌VS名牌贵才叫名牌

美国商业杂志《公司》（*Inc.*）2012年9月份发表了美国非上市企业成长速度排行榜。2012年的冠军荣誉由2006年成立、至今运营奢侈品的购物网站闪购网（Ideeli）获得。该网站在过去三年的成长率达到了惊人的40882%，也就是原来的400多倍，去年的总收益达到了7770万美元（约4.73亿元人民币）。

该企业能够迅速成长起来的秘诀很简单：它们以80%[①] 的折扣在网上销售知名品牌商品或高价商品。但是网上奢侈品折扣店数不胜数，为什么只有Ideeli如此成功呢？

秘密就在于它的"会员限时打折"（Members only Flash-sale）策略。Ideeli的网站于每天中午12点更新当天商品，并限期在2天内

① 根据百度搜索数据，Ideeli的折扣为50%～80%。

只面向会员销售。限制销售时间和对象，看起来会妨碍消费者购买，但其实这解除了消费者左右为难的选择困境。

这是什么意思？面对奢侈品的高价格，消费者稍显吃力。那么卖得便宜点儿不就行了吗？但在奢侈品消费者眼里，谁都买得起的低价商品还叫奢侈品吗？消费者从这样一种心理中获得满足：别人买不起或者需要全额才能买到的商品，只有我可以以低价买到。Ideeli通过限制销售时间和购买对象的简单方法打破了这种困境。

不仅如此，这还解决了奢侈品销售企业的困惑。Ideeli成立于2007年，那时正是美国经济显现萧条迹象的时候。美国国内的消费者开始更加关注储蓄，不愿意消费，这致使企业的库存越积越多，找不到解决的办法。

虽然处于经济萧条期，但把奢侈品产品交给地面折扣店销售有损企业的品牌价值，因此很多大企业涌向了Ideeli。

Ideeli的创始人和最高经营决策者保罗·赫尔利说："Ideeli的会员制度可以保护品牌价值，因为即使Ideeli打折销售这些商品，在谷歌也搜不到别家商铺会有同样的打折价。"

Ideeli还创办了自己的自主品牌，脱离了对供货企业的依赖。消费者喜欢的商品有时候售完就不能再购买了，所以他们会想"我能不能比其他人早一点儿买到商品呢"，Ideeli自然不会放过消费者的这种心理。

不管是谁都可以在Ideeli网站上免费注册并购买商品。免费注册的会员只能在中午12点以后购买商品，这类会员是二级会员。但是每个月只要交7美元（约42.84元人民币）[①]的会员费，就可以升级到一级会员，就可以提前一个小时购买所有的商品，同时某些商品只对一级会员销售。会员差异化可以调动消费者的积极性，同时增加了收益。

据网上市场研究公司comScore预测，从2012年到2015年，美国会员制打折市场的营业额将从10亿美元增加到了60亿美元（约61亿元~365亿元人民币）。

现在你是不是碰到了经营创意瓶颈？是不是需要改革，但又不知道从何入手？那么从观察我们生活中存在着的矛盾开始吧。解决矛盾的方法就是新的创意，新的创意就是打开消费者钱包的方法。

---

① 本书使用的货币兑换汇率为和讯外汇提供，为2013年10月某时间段数据，供仅参考：1美元＝6.1209元人民币，1韩元＝0.005505元人民币，1英镑＝9.5899元人民币，1日元＝0.06241元人民币，1欧元＝8.1190元人民，1瑞士法郎＝6.5026人民币。

## 两只兔子：
### 像经营快餐那样经营西餐厅

2012年2月，美国政府为了减少肥胖者人数，推出了营养摄取指导标准。其中减少胆固醇的方法就是建议人们在平时的饮食中将碳酸饮料换成水，不要吃汉堡和比萨。这使快餐店业主们紧张起来，因为过去也发生过类似的事情。

2000年初，在倡导健康生活方式的氛围下，世界第一快餐店麦当劳的销量急剧下滑。他们努力通过开发新产品等方法寻求更多的发展，但还是不能顺应健康生活方式的主题。

但英国的百特文治（Pret-A-Manger）公司结合健康生活方式的主题和快餐的优点取得了快速发展。2011年，麦当劳为了学习百特文治的成功模式，投资5000万英镑（约4.81亿元人民币）收购了该公司33%的股份。百特文治在美国被评为“继披头士乐队之后最好的英国商品”，那么它的成功秘诀是什么呢？

1986年，同属伦敦综合技术专业学校学生的辛克莱·比彻姆和朱利安·梅特卡夫在伦敦的维多利亚中心街区开设了百特文治三明治店。这两个18岁的年轻人认为，在倡导健康生活方式的氛围下，快餐店需要抓住特定消费层，他们锁定的目标就是从事专业领域的上班族。这些人的特征是：因为等待时间过长或价格昂贵不愿意去西餐厅，但出于健康考虑又不想吃快餐。消费者的这种矛盾心理，表明他们渴望有一种像快餐一样能快速取餐但食物像西餐厅一样有营养的餐饮服务。

百特文治解决了目标消费者对食物的这一矛盾心理。它将高质量的三明治以低廉的价格出售，并且下订单后立即提供，也就是结合了西餐厅和快餐店的优点。这种经营战略非常有效。这家小小的三明治店在英国接连开设了222家连锁店，另外在中国香港有11家，在美国有31家，现已成长为大型企业。其在世界范围内的年销售额达到了3.8亿英镑（约36.44亿元人民币）。

上乘的食材和高质量的服务是每个人都希望得到的。但是实现百分之百的天然食材和5000韩元（约27元人民币）以下的低廉价格的企业只有百特文治公司。这一切是怎么做到的呢？

在百特文治，从选择喜欢的三明治到付账后就餐的时间加在一起还不到高级西餐厅的十分之一。选择事先做好的三明治，付费即可取走的模式又减少了人力费用以及店面费用。

同时，三明治的食材甚至包装纸都使用的是百分之百的天然

COOKING

材料。所有的食材都是当天使用。他们对品质的自信体现在其品牌口号“Eat With Your Head”（您最聪明的选择）上。他们同时致力于新产品的开发，每周都会开发10~20个新产品。

很多人认为在市场进入成熟期的红海中不能获得成功，但寻找蓝海也不是容易的事情。百特文治找到了消费者的矛盾心理，其应对方案是在红海中进行改革，同样获得了成功。

捕捉到人们左右为难的选择就能获得发展新事业的一些启示。所以，有句话这么说：“没有饱和的市场，只有枯竭的思想。”

## 诉求与现实：
## 购买私人飞机，没钱也可以？

有一家公司，其滞销的产品突然有一天就开始迅速大卖，该公司没有对产品做任何改变，也没有增加广告投入和营销成本，这到底是怎么回事？其实，秘诀就是他们稍微改变了销售方式。

奈杰特（NetJets）是销售私人飞机的企业。由于能购买超高价专用飞机的顾客非常少，主要是极少数富豪和企业，为了扩大市场，奈杰特想到了鼓励多人共同购买私人飞机的销售策略。

Gulfstream V（湾流V型）是一架私人飞机，其价格有4000多万美元（约2.45亿元人民币），但是奈杰特推出“共同所有”的购买方式之后，消费者就可以选择与其他1至15个人共同购买。顾客只需付1010万美元（约6182万元人民币）就可拥有飞机四分之一的所有权，获得每年1000小时的飞行时间。共同购买的顾客使用个人专用飞机的时间有冲突的时候，该公司可以为他们安排使用其他飞机。

自从引进共同所有购买制以后，奈杰特的顾客层暴增。1986年刚开始实行共同所有购买制时该公司仅仅销售了3架，但是到了2003年，其销售量就达到了5827架。

再看一看美国和加拿大机场的Paradies Shops（天堂购物），它是美国最大的机场书店，该书店销售图书的同时还出售各种礼物、装饰品等日用品。消费者只要在购买图书之后6个月内，将图书和发票返还到任竟一机场内的Paradies Shops，即可获得半价购买一本图书的优惠。Paradies Shops再把回收的图书作为二手书以半价出售。

那么，奈杰特和Paradies Shops扩大市场前首先关注的是什么呢？那就是消费者购买产品时碰到的困难。奈杰特了解到很多消费者虽然希望乘坐私人飞机，然而昂贵的价格让他们望而却步。Paradies Shops捕捉到了消费者在旅行中想要阅读，但怕图书成为负担或不愿以全价购买的消费心理。

“消费者购买时犹豫的因素是什么？我们需要做什么？”如果找到这些问题的答案，就能发现消费者矛盾的心理。解决矛盾的具体方法就是最佳创意的来源。

## 产品幻想：
## 保持高温但不会烧坏衣服的熨斗

“哎呀！老公的衬衫……”

家庭主妇A正在和很久没联系的高中同学打电话，高兴之余忘记了刚熨一半的衬衫。这种情况已经不是第一次发生了。

“哎，有没有熨烫效果好，还不会烧坏衣服的熨斗呢？”

有一款熨斗正好满足了和A有相同需求的顾客，那就是美国家电企业欧利索（Oliso）2006年推出的欧利索Auto-Lift（自动升降）熨斗。这款熨斗在市场上引起了空前的反响，横扫芝加哥家庭用品博览会，成为当年《时代》周刊选定的“最佳发明产品”。

该款熨斗的工作原理其实非常简单，主要是熨斗手把上的触碰式传感器在发挥作用。只要使用者的手离开传感器，熨斗下端的热板前后两端就会跳出长2厘米左右的脚架，把熨斗支起来，防止衣服和热板直接接触。

熨烫的时候脚架可以收起来，与其他熨斗没什么两样，但是只要手离开，脚架就会自动弹出，把衣服和热板隔开。

看起来没什么特别的熨斗让市场狂热起来了，看起来非常普通的熨斗让整个市场沸腾了，因为这款熨斗用小小的创意解决了长时间以来大家都觉得“不可能解决”的问题。那么欧利索是怎么解决“保持高温度又不会烧坏衣服”这个矛盾的呢?

大多数人在面临这种矛盾的时候通常会选择以下两种方法：选择没有热板、只有蒸汽功能的熨斗回避矛盾，或者将温度调至不会烧坏衣服的程度，与矛盾妥协。但是这两种解决方式相当于抛弃了熨斗“利用高温度烫平衣服”的基本功能，与矛盾妥协，从而选择不好的技术。欧利索考虑这个问题的时候将目的和手段分离开来，就像在野外需要钉钉子的时候，如果没有锤子就会很自然地找石头，忠实于解决问题，但改变了一些方法。

当然，设置脚架这种方式不能解决一切问题，也许会妨碍熨烫。为了解决这个问题，欧利索运用了“分离原则”，熨烫的时候脚架会收到熨斗内，只有在需要的时候才会弹出来，这种想法非常自然地与触碰式传感器联系在了一起，这样就使改造具有了技术上的可行性。

如果想推出改变世界的创意，那么就要转变思想和思维方式，多考虑一下人们认为“不可能解决的问题”，并尝试解决问题。即使在萧条期，消费者还是会消费。

很多远未解决的矛盾就隐藏在我们的生活中。

## 改邪归正：
## 需要天才VS可用的人才在哪里？

“哎，现在招不到用得上的人才。”

罗伯特·休斯准备在电脑软件开发领域创业，但是招募职员的工作让他非常苦恼，选拔出色的编程人员是一件非常困难的事情。像其他行业那样根据学历、经验、证书等选拔标准招聘到的人实际上编程能力非常不足，这种情况在业内屡见不鲜。怎样才能选拔出真正有实力的人才呢？

休斯突然想到了行业的问题群体——黑客。他们虽然偶尔会出现犯罪的情况，但大多数人都是兴趣使然才会去做黑客，他们都是开发软件的真正高手。他认为黑客大多具有很强的自我挑战欲望和表现欲，希望通过与其他编程人员的竞争突显自己的实力，获得别人的认可。

休斯想到了利用黑客的表现欲招揽人才的方法，那就是

TopCoder Match[1]。TopCoder网站面向全世界编程人员举行算法解析比赛，赛后公布结果，给获胜者发放奖金。只要参赛，就可能得到名誉和奖金，这对编程人员而言，可谓一举两得，于是全世界的编程人员都聚积到了TopCoder上。

首先，参赛人员要参加比赛必须填写个人信息，因此TopCoder能搜集到全世界编程高手的相关信息。如果仔细观察获胜者的信息就能发现，其实他们很多都是来自印度、菲律宾、芬兰等国家和中国台湾地区的20岁出头的学生。他们是通过当前的人才选拔标准无法被发现因而被埋没的珍珠。

为了获得这些闪亮的珍珠，谷歌、英特尔等大企业不断访问TopCoder。在TopCoder上，这些企业客户可以成为网站赞助商，为本企业召开编程比赛。如果用户委托TopCoder开发软件系统，TopCoder就会把项目分解成系统设计与构成等多个部分，上传到比赛项目上，供编程高手们一决胜负。

每次比赛全世界大约都有5000多名编程人员参加。那么，企业为什么要赞助比赛呢？因为企业可以通过最少的费用获得最大的利益。通过这种方式开发软件所需的费用仅仅是企业进行自主开发成本的一半，而且企业还可以在世界顶级编程人员的作品中做出取舍。

① 顶级编程者比赛。TopCoder是一个以程序设计比赛为主题的网站。

TopCoder成立于2001年，至今以惊人的发展态势不断成长，其公司的正式职员只有120多名，但是通过各种比赛获得的编程人员会员有40多万名。

当今是人才竞争时代，获得优秀人才已成为企业的最大课题。休斯的创意改革对认为只有提供高额年薪或靠企业品牌才能招揽到优秀人才的错误理论是重磅一击。

## 更多信息分享

招聘市场也是市场，只不过在这个市场中，企业成了消费者，人才成了产品，企业的核心任务就是以最低的成本最高效地招聘到最合适的人选。企业需要做的是选取和购买。

通过比赛的方式进行招聘，一石三鸟：扩大了企业影响力、树立了企业知名的行业形象、招聘到了最优秀的人才。

招聘市场也是市场。在这个市场中，企业需要最大限度地降低成本，并减少无效损耗。通过比赛的方式进行产品竞标，可一石三鸟：降低了成本、提高了效率、赢得了口碑。

21世纪，创意才是超级生产力。

## 相反课题：
## 短期业绩VS长远发展之间的高超平衡

杰克·韦尔奇将GE（美国通用电气公司）打造成了超优良企业，被誉为“当今最佳CEO”，但最近他否定了自己的一贯主张。杰克·韦尔奇担任CEO时主张股东价值经营[①]，如今他认为“股东价值经营使企业只执着于短期业绩”。

富豪们因为主张股东价值论而备受社会谴责，这一状况近年来有所改变。在这方面，瑞士的大富豪瓦伦堡家族是最受关注的对象。瓦伦堡家族已成功经营了150多年。瓦伦堡家族通过控股公司瓦伦堡投资公司和瓦伦堡家族财团，持有通信世界第一企业爱立信、制药公司阿斯利康以及电力和自动化技术领域的ABB（阿西

① 即公司经营的目的在于确保股东的利益，确保资本供给者可以得到其理应得到的投资回报。

亚·布朗·勃法瑞公司）等，其投资的企业有130多个，持有的股份占瑞士上市企业股价总额的三分之一。

瓦伦堡家族长时间保持世界性竞争力的秘诀是什么？那就是它能在长久性、可持续发展和短期利益之间保持一种高超的平衡。

首先，我们来看一看瓦伦堡家族的支配结构。总公司瓦伦堡投资公司持有子公司的股份，所有子公司以理事会为中心独立经营。瓦伦堡家族的子孙参与子公司的经营时坚持决策要有长远眼光。

所以，瓦伦堡家族的决策权只发挥在结构调整、收购合并、CEO委任等重大事项的决策上，对一般性事件他们会尽量减少干预。他们认为只有这样才能平衡短期和长期利益。他们为了所属企业的发展，甚至甘愿缩小自身的影响力。

而且瓦伦堡家族为了长久稳定的发展不惜花费大量资金投资10年、20年后的事业。比如，瓦伦堡家族致力于社会、科学发展，大家共享发展成果，并且这样的模式形成了一个长期性的良性循环。其中一个例子是，瑞士基础科学领域的诺贝尔奖获得者都是在瓦伦堡家族财团的帮助下进入科学研究领域的。另外，瓦伦堡家族把工会当作经营伙伴，而不是对手。他们历来重视与工会的关系，经常与工会领导碰面交流意见，这也成了瓦伦堡家族的传统。而且他们会把理事会成员中一定比例的职位留给工人代表，积极听取他们的意见。

瑞士人民非常自豪地说：“瑞士人民敬重瓦伦堡家族。”150年的经营造就了受国民爱戴的优良企业。他们的经营原则非常简单，那就是既要看眼前，也要往长远看。

Superman!

# 创意方法 2

# 解决别人不想做的事

苦恼：不用为特殊日子买高价衣服烦恼！我们借给你

懒惰：点击一下，想看的电影就会送到家

矛盾：不用卖车也可以拥有自己的专车

厌烦：像游戏一样学习，效果增100倍

等待：占据快递市场70%份额的公司有什么招?

麻烦：只解决一个麻烦就能征服一个市场

## 苦恼：
## 不用为特殊日子买高价衣服烦恼！我们借给你

每到年终聚会、生日宴会等特殊日子时，女人们都会站在衣橱前像说口头禅似的说：“唉，没有衣服穿！”

对注重外在形象的女性来说，找不到一件可以衬托自己的衣服是一件很苦恼的事。她们都想购买电视或知名杂志上刊登的奢侈品衣服或包包，但就为那么一天购买高价商品又觉得不值。

有家企业从女人们的这种日常苦恼中找到了商机。这就是网络企业Rent the Runway。就像公司的名字一样，Rent the Runway主要针对时装秀上介绍过的知名设计师设计的高价服装提供租赁服务，其中有年轻人推崇的CK、VERA WANG[①]等130多个品牌的服装。消费者只需要支付产品价格的10%～15%（约1.649万

① Vera Wang是著名华裔设计师，被称为婚纱女王，其创立的VEAR WANG品牌旗下拥有多个个人品牌，如中、平价衣服及香水品牌。

元～9.3445万元人民币）就可以在4～8天内成为该奢侈品服装的主人。这其中的优惠使得16～34岁的年轻女性禁不住打开钱包纵情消费。

2009年Rent the Runway创立后，平均每周新增会员人数为2万名左右，一年后注册会员超过45万人，日平均交易量达到了1000件。尤其是随着最近《公司》《华尔街日报》等媒体的关注，其知名度逐步飙升，2011年其销售额超过了2000亿韩元（约1.1亿元人民币）。Rent the Runway在把女性打造成灰姑娘的同时，其企业本身也摇身一变成了业界灰姑娘。

“衣服一定要先试一试才能卖”，这是大部分消费者购买衣服前的期望。那么，Rent the Runway是怎样俘获一定要先试一试才会购买衣服的女性的心的呢？答案是Rent the Runway提供的“Love，Wear，Return”（关爱、试穿、退还）三阶段服务。

从顾客选择衣服到配送到手上为止是Love阶段，试穿是Wear阶段，退还是Return阶段。企业成功的秘诀就在于Love阶段消除了顾客“画面上的衣服适不适合我”的疑虑，Return阶段则减少了消费者的不便。首先，该公司在邮寄商品时，先配送两件顾客选定的不同尺寸的商品，解除消费者对衣服尺寸的疑点。如果两种尺寸都不适合消费者，需要退货时也不收取配送费用。此外，消费者对所选的款式不满意需要换货的时候，只要追加3万韩元（约65元人民币）就能换得称心的商品，返还时只需要将钱装进指定的信封里就可以，非常简单。

Rent the Runway还为赶时间的灰姑娘们考虑了如下问题："我们的顾客都是为了度过特别的日子才来购买衣服的，因此如果没有按时配送的话，那等于是毁掉了顾客的特殊日子，这种错误是我们无法弥补的。"这就是Rent the Runway的基本理念。实际上，Rent the Runway为了遵守与顾客之间的时间约定做出了超乎想象的努力。

有一年年末，Rent the Runway的顾客数量暴增4倍，同时有些人气商品没有按期退还，所以出现了无法接受下一个订单的情况，当时预计已经下订单的顾客中大约有2%的顾客无法按时收到商品。Rent the Runway立即采取行动，在预定日期前给每个顾客打了道歉电话，为她们安排了可替换商品，当然货款全额退还。

"这是A演员在颁奖礼上穿过的衣服；这款产品是本季流行款，是B演员做模特刊登在C杂志上的衣服……"Rent the Runway的网页上不仅提供与产品有关的信息和有用的额外亮点，还介绍这种小八卦："个子小的女性卷起裤脚，就会显得非常可爱活泼。"甚至网页内另设聊天空间，消费者可以得到造型设计师的特别建议。

Rent the Runway的创始人是珍妮弗·海曼和珍妮·卡特·弗雷斯两位年轻女性。珍妮弗看到妹妹为参加聚会没有衣服穿苦恼了好几个小时，就想到了这个创意。

闪亮的创意不是来自多么伟大的想法，其实从每个人都在苦恼的日常不便上就能找到新的创业点子。观察一下周围，也许在很近的地方你就能发现新的商业创意。

## 懒惰：
## 点击一下，想看的电影就会送到家

“这么多的电影DVD，我们该选择哪部呢？”

有个企业解决了这种烦恼。奈飞公司（Netflix）目前占领着美国95%的网上DVD市场，同时也征服了地面销售市场。这个公司为客户提供只需点击一下就能选择感兴趣的电影的服务。消费者只要每个月交纳7.99美元（约49元人民币）的会费，就可以任意选择喜欢的DVD。操作方法也极其简单，用户在网上申请后一天之内就能在家门口收到DVD。公司快递DVD的同时会附送一个信封，返还时只要将DVD放入信封投递到邮筒里就可以了。自1997年创立后，通过这项创新服务，奈飞公司的会员在两年内突破了70万，目前该公司在全世界范围内拥有2300多万名会员。

奈飞公司如何能够在10万多个DVD中准确地选择消费者喜欢的电影呢？秘诀就在于他们自主开发的Cinematch（影片配对）电

影推荐系统。Cinematch通过分析会员的点击次数、租赁目录以及DVD返还后的评论，自动为顾客推荐DVD。奈飞公司的Cinematch可以确保80%以上的准确率。

Cinematch的另一个特点是有效帮助在库管理。Cinematch选择推荐DVD时，首先推荐消费者需求较少的DVD，帮助调节库存量。

奈飞公司的原则是申请后24小时内配送，但是同时有多人申请同一种DVD时，这个原则很难遵守，该怎么办呢？

例如，假设A和B同时申请了相同的DVD，A每个月大约租赁5～6张DVD，B加入会员后几乎没有申请过租赁。这时候奈飞公司会给B配送该DVD。站在公司的立场上看，支付相同价格但租赁次数较少的B是更具收益性的顾客。

奈飞公司的经营战略，就是及时满足更具收益性的顾客的需求，为下一次合作创造更有利的环境，同时从公司的角度来看，“喜欢看电影”的A选择其他DVD也不会产生强烈的不满。这个结论是严格分析累计数据后才获得的。

网络系统走进大众的日常生活后，消费者的个人信息成了重要的信息，但你是不是只把消费者的个人信息用于确定配送地址了呢？那么观察一下数据中隐藏的消费者需求，解读消费者的需求是创意的核心来源。

## 矛盾：
## 不用卖车也可以拥有自己的专车

“趁这个时候把车卖了？”

A是某大型企业的部门主管，拥有一辆重型SUV，购买之初，这辆车是他的宝贝1号，可如今却成了他难以取舍的包袱。每年油价都在不断上升，保险费不降反涨，这些都让他觉得非常吃力。停车费用不是个小数目，每天早上拥挤的交通也是烦恼的来源之一。最终，A决定把汽车卖掉，乘坐公交上下班，但又担心出外或有急事的时候会不方便。

“能不能在需要的时候用车？有没有人在我需要的时候借车给我呢？”

有个企业解决了人们的这种烦恼，那就是提供汽车共享服务的Zipcar。1999年，斯科特·格里菲斯在英国成立了Zipcar，目前其分公司遍布英国、美国、加拿大等地区80余个城市，收费会员突破了57万人。

Zipcar的汽车共享服务，如同其名字一样，以独特的方式运营。单从租赁汽车方面来看，该企业与其他租赁企业没什么不同，但是Zipcar没有大型的车辆保管场所，而是在住宅区附近的道路两边、胡同口等容易与顾客接触到的地方保有小规模的停车场。该公司用利用电波可远程获得信息的RFID[①]卡和网络定位系统代替了租赁和返还这两个烦琐的环节。

消费者首先缴纳3万韩元（约165元人民币）注册费和6万韩元（约330元人民币）年费加入会员，获得一个公司特制的RFID卡。公司提供24小时搜索和预约服务，消费者可以通过网络或电话搜索附近的车辆，确定预约信息，预约成功后即可使用此车辆。消费者只要把加入会员时获得的RFID卡在车辆的前风挡玻璃读卡器上扫一下就可以打开车门。车钥匙就在车内，在预约时间内使用车辆后，将车停在原来的位置上就可以了。

租赁费用根据地区和车辆型号有所不同，但平均为每小时1万～1.5万韩元（约55元～83元人民币），一天使用费用是7万韩元（约385元人民币）左右。当运行距离超过290公里时，每1.6公里需要追加5000韩元（约28元人民币）租赁费用，使用费中还包括了最高3亿韩元（约165万元人民币）的保险费和油费。

---

① 电子标签、无线射频识别。

目前，谷歌和任天堂[①]等850多个企业和230多个大学都在使用Zipcar的服务。使用Zipcar服务比个人持有汽车费用更低，只需支付比出租车费用还少的费用就可以多次前往自己想去的地方，这就是Zipcar服务的优点。

① 成立于1889年，原为生产纸牌的手工作坊，现为日本最著名的游戏开发公司，其开发的电子游戏及主机等系列在全球范围内极受欢迎。

## 厌烦：
## 像游戏一样学习，效果增100倍

很多人沉迷于网络游戏，最终变成“游戏废人”，不能认真工作，也睡不好觉。理由只有一个，那就是游戏太有意思。有家企业就是利用网络游戏的这种魔力创造了一石二鸟的效果，那就是在企业培训领域导入游戏模式的美国艾睿电子（Arrow Electronics）。

这家公司1935年从销售录音机部件起家，75年以后成长为美国排名前五的电子产品生产企业。艾睿电子被《财富》杂志评选为“500大电子企业”，它通过收购、合并获得持续成长，目前在欧洲、亚洲和非洲的51个国家保有310个分店，职员有12.6万余人。

公司的员工人数不断增加，给管理人员提出了难题。这么多的员工该怎么进行培训呢？尤其是新进员工的培训是很大的问题。为此公司开发了为期五天的新员工培训系统，使新进员工快速了解企业的文化、价值观、历史和产业的基本情况。但是这个系统主要是针对使用英语的职员开发的，所以在北美以外的地区碰到了不少困难。

艾睿电子经过一番商议，决定将电脑游戏导入到新员工培训系统中，并取名为“Culture for Success”（走向成功的文化）。艾睿电子在2006年8月推出了此款培训游戏，这个游戏足以引起员工们的兴趣，同时有多语种版本，可适用于世界范围内的新进员工。

培训游戏最开始是出现一个游戏形象，介绍游戏方法。游戏画面以3D动画构成，游戏形象会详细介绍企业的历史、文化、经营领域和未来发展构想，讲解结束后进行测评。测评后会公布参与游戏的员工的成绩，并对艾睿电子全世界分公司新进员工的成绩进行排名。员工们得知游戏成绩会被公布，会更加努力地学习培训内容，这就提高了整体培训效果。

培训游戏兼具“趣味性”和“竞争因素”，在新进员工和管理人员中都很受欢迎。而且其游戏开发费用只是目前1年期培训成本的10%左右。

体验式教育的效果远高于视听觉教育，这是社会公认的常识。根据美国考夫曼财团的调查，好的讲课方式可使学习效果提高17%，但娱乐性游戏方式可使学习效果提高108%。创意可将人们不喜欢的学习转换成有趣的游戏。

观察一下，目前在我们的生活中，大家都不喜欢做的事情中还有哪些可以转变成游戏？

## 等待：
## 占据快递市场70%份额的公司有什么招？

"什么时候才能收到？"消费者等待快递的过程非常无聊而且辛苦。

"这次又不在？"快递员敲门敲了数十次，还是没有等到回复。

有家企业解决了快递员和消费者的这种矛盾，那就是ByBox，这家物流公司在英国利用无人快递系统掀起了快递革命。2010年，ByBox的销售额为3400万英镑（约3.26亿元人民币），创立10年后该企业掌握了英国无人快递70%的市场份额。ByBox在英国1350个地区拥有8000多个快递物保管所，几乎每4公里就有一个。2007年，在世界级会计咨询集团德群评选的"急速成长科技企业50强"中，该企业排名第一。英国的ByBox获得如此成功的秘诀是什么呢？

无人快递的优点是消费者不用等待，可以在指定的时间收到快递。无人快递服务中最重要的一点是快递物保管站的位置。

ByBox将关注点放在了这里。谁都可以找到或经过的地方是哪里呢？ByBox选择了公用电话亭。这对于正在为使用者减少而苦恼的英国电信集团（BT）来说是再好不过的消息，因此这想法得到了BT的全力支持。首先ByBox在伦敦市区内1000多个公用电话亭旁边设置了保险柜形状的快递物保管站。其使用方法很简单，在网上购物时将收货地址填写为最近的快递物保管站即可。商品配送到快递物保管站后，消费者可以通过短信和邮件收到保管站密码。第二天8点以前到公用电话亭安全地取回所需要的商品即可。ByBox的系统具备3个成功秘诀，那就是简便的使用方式、短距离以及超速度！

2000年，30多岁的年轻人斯图尔特·米勒创立了ByBox，当时该公司的主要消费群是B2B（企业对企业的互联网营销）市场。公司自主开发了可掌握物流全局状况的“物流追踪软件”Thinventory，实现了无浪费配送。可口可乐、富士通、西门子等世界性大企业纷纷成了ByBox的忠实顾客。2009年，米勒又把在B2B市场上累积的经验和IT技术成功导入B2C（企业对消费者的互联网营销）市场，并大获成功。消费者深深信赖ByBox的理由是他们通过扎实的技术竞争力，使消费者只用智能手机或网络就能准确地获知配送情况。

ByBox受欢迎的理由不仅在于此，还有它从不吝惜将消费者的心声转变成公司的改革动力。该公司设置了20个专业领域的研发部门，致力于开发多种服务项目。如有需要还会和其他公司合作开发新的服务。举个例子，有个消费者表示“我想给朋友寄快递，但是不知道对方的地址”，ByBox就立即与利用SNS（社会性网络服务）开展快递业务的SendSocial签订合约，提供了此项服务。另外，还有消费者表示“能不能星期天也送快递”，ByBox从2011年开始在业界首次实施了全年365天配送。

其实，ByBox并不是第一家导入无人快递系统的公司，作为新项目，2000年很多公司纷纷开放了无人快递系统。ByBox保留了原有的物流方式，增加了硬件快递物保管站和软件“无人”服务。ByBox将闲置的公共设施改造为快递物保管站的“思考改革”、为确保无人快递的准确性自主开发软件的“技术改革”、争取满足消费者任何需求的“服务改革”，就是它成功的秘诀。

## 麻烦：
## 只解决一个麻烦就能征服一个市场

“袜子能不能像报纸一样，按时按点配送呢？”

相信很多职场男性都考虑过这个问题。男士穿正装的时候需要配黑色袜子，但每天穿黑色袜子很容易穿破，有一只袜子破洞另一只也就不能再穿了，想把没有洞的袜子和其他袜子配成一双，但仔细观察后发现两只袜子的材质不同，花纹也不同。还有，一次洗好几双一样的袜子后，配对也是很麻烦的事情。有家企业解救了为这一麻烦苦恼的现代男性，那就是定期配送黑色袜子的“黑袜子网站”。

这是家瑞士企业，于1999年7月成立，其经营策略非常简单。消费者下订单时可以选择三种服务：每4个月配送3双、每6个月配送3双或一次性配送10双。袜子的颜色只有一种——黑色，材质和设计也相同。只有在长度上分为普通袜、到膝盖的超长袜、到脚踝的短袜3种。尺寸大小有7种。

“黑袜子网站”的创始人萨米·赖尔切第是如何想到这样的点子的呢？1994年，萨米·赖尔切第就职于广告公司时，有次他在一个非常重要的会议上要与日本顾客见面，赖尔切第在走之前仔细确认了领带、衬衫、皮鞋，但是想不到的是袜子破了一个洞。在茶店喝茶的时候他一直为破洞的袜子分心，不能全心投入到谈话中。赖尔切第考虑到，可能会有很多人像自己一样为这样的问题而苦恼，所以他想出了“袜子配送”这个点子。

那么，结果怎么样呢？很多上了新项目的企业纷纷倒闭，“黑袜子网站”却在飞速成长。创业不久，仅凭3名员工，“黑袜子网站”就达成了最初的目标——100万瑞士法郎（约650万元人民币）的销售额，相当于4个月完成了1年的任务。此后，“黑袜子网站”开拓了B2B销售，顾客数量迅猛增加。同时他们还把每天需要见很多客户的销售员瞄准为目标消费者。瑞士的GE资本[①]或瑞士联合银行集团（UBS）的很多职员都在使用“黑袜子网站”的此项服务。目前有74个国家的4万多顾客在“黑袜子网站”上定期购买袜子，这家公司在袜子生意取得成功的基础上，2007年又增加了内衣和衬衫项目。

“黑袜子网站”虽然获得了如此成功，但萨米·赖尔切第对

① 通用电气旗下的金融子公司。

公司上市和扩张保持着谨慎的态度。这是为了遵守他的理念，也是为坚守将“黑袜子网站”引向成功的“极简”（Keep It Simple）原则。

你也可以多观察观察日常生活中碰到的问题，多考虑下这些问题最简单的解决方案：“最不方便的是什么？”就能看到新的市场的空白。

Hunt!

## 创意方法 3

# 创造新价值的人，在红海中找到蓝海

弱势群体：所有快递员都是听觉残障人士——“奇迹快递”

新潮流：先用新媒体者得天下

全民拥护：令奥巴马放不下、可口可乐垂涎的饮料Honest Tea

红海中的蓝海：美国最牛出租车公司开拓的新领域

网上没有的：网上卖眼镜一夜爆富的穷大学生

顾客的不便：生产手机饰品的企业有多赚钱？

新空白：TV收费市场上获利的NDS

女人的钱：为什么越贵的指甲油反而越畅销？

食品产品的命根：美国第一酸奶生产企业做了什么？

## 弱势群体：
## 所有快递员都是听觉残障人士——“奇迹快递”

最近，印度孟买的一家小快递公司备受关注，这就是2009年成立、被Springwise.com评为“2011年最受关注企业”第一名的“奇迹快递”。Springwise.com是介绍世界各国具有创意的商业点子的网站。“奇迹快递”的主要顾客大多是在经济中心孟买的大型企业。“奇迹快递”通过负责马恒达、沃达丰、Essar（艾萨）等大企业的快递业务和配送《福布斯印度》《创业者》等杂志，获得了长足的发展。

那么，“奇迹快递”的特别之处在哪里呢？就是企业的职员中除了4名管理人员之外，其余64名员工全是听觉残障人士。“奇迹快递”CEO德鲁夫·拉克拉毕业于英国牛津大学，他获得硕士学位后回到了印度，之后就一直在寻找可以创造持续收益的经营项目。一个偶然的机会，德鲁夫·拉克拉得以与听觉残障少年进行短暂的交流，此后，他开始关注听觉残障人士。

印度有800万听觉残障人士，由于他们无法进行正常的交流，所以大多找不到合适的工作。政府的支援也是暂时性的，所以他们的经济自立就成了一个难题。德鲁夫·拉克拉于是就考虑有没有适合他们的工作，最终的答案就是快递业务。送快递这个工作并不需要太多的交流，需要的是准确记住路线的较高的视觉能力，这对听觉残障人士来说再合适不过了。

德鲁夫·拉克拉并不是先创立企业，后雇用听觉残障人士，而是先决定雇用听觉残障人士，再决定让他们做哪一种工作。德鲁夫·拉克拉的初衷是为社会做贡献，但是作为企业也必须保证经济效益，所以他将关注点放在了使员工的优点最大化这个问题上。

德鲁夫·拉克拉雇用的职员中有20名是女性，她们在办公室整理和分配配送物品、管理配送信息，其余44名男性员工负责收送快递。职员们在办公室里使用手语，在外面利用手机短信进行沟通。因此即使出现配送地点突然变更或取消的情况也不会产生问题。他们每个月完成6.5万件快递的配送。

此外，德鲁夫·拉克拉通过业务培训提高了职员们的自我认同感，还给职员们穿上了印有“配送可能性”口号的统一工作服，让听觉残障人士不再觉得自己是社会弱势群体，而是专业领域的工作者。

残疾人的自立问题在哪个国家都是社会关注的重点，是需要政府、企业和社会一起解决的问题。与当下很多迫于政策规定才雇用残疾人的企业相比，“奇迹快递”更加关注的是残疾人的“优点”而不是“残疾”。

所以，将优点最大化会不会创造更多的价值呢？

## 新潮流：
## 先用新媒体者得天下

你听说过《赫芬顿邮报》吗？如果没有，那你应该听说过2007年史上第一次播出美国大选候选人网络讨论会的媒体吧？最近，美国总统奥巴马给他的参谋团队推荐《赫芬顿邮报》网与《华盛顿邮报》网，说这两个网站是他们必须要关注的媒体。

2005年，美国女作家阿里安娜·赫芬顿创立了《赫芬顿邮报》；2009年9月，该网站的每日访问人数轻轻松松就超过了美国王牌媒体《华盛顿邮报》；2011年6月，它再一次超越纽约《时代》周刊，这一现象成为社会热点话题。成立5年内一直是连总统都在关注的媒体，其秘诀是什么？答案就是活用“参与”“共享”“开放”的Web2.0[①] 精神的运营方式。

首先，《赫芬顿邮报》聘请了被称为“一人媒体”的热门博客的博主作为旗下记者。随着网络的发展，有一些热门博客因为能发表较高水准的文章而拥有了相当数量的粉丝，在网络中具有强大的影响力，因此《赫芬顿邮报》决定和这些热门博客的博主合作。《赫芬顿邮报》虽然只有50多名员工，但有3000多名博客用户为其发表商业、体育、娱乐等各个领域的文章。

其实，在网络媒体非常发达的韩国也可以找到与此类似的模式。OhmyNews[②]、《Ddanzi日报》[③] 就是具有代表性的例子，它们都是以网民为稿源主体发表信息的。但是《赫芬顿邮报》进一步利用了社交网络的特性。根据市场调查机构Outsell 2010年的报告，美国大量纸媒读者迅速地转移到了网络上，但是读者无法从每天数十个、数百个新闻中选择自己需要的新闻。

在这种情况下，《赫芬顿邮报》注意到了急速成长的社交网络平台Facebook（脸书）。2009年8月，《赫芬顿邮报》提供

---

① Web2.0是相对于Web1.0的新一类互联网应用的统称。Web1.0的主要特点在于用户通过浏览器获取信息。Web2.0则更注重用户的交互作用，用户既是网站内容的浏览者，也是网站内容的制造者。

② 韩国国内最有影响力的新闻媒体之一，成立于2000年。网站的一大特点就是推行“平民新闻”制度，网站的任何一名注册用户均可成为OhmyNews的记者，还可为自己的新闻收取稿费。

③ 韩国网络报纸。

了《赫芬顿邮报·社会新闻》Facebook链接服务。这项服务是媒体和社交网络平台合作的服务，因此受到了很多关注。通过Facebook链接服务，Facebook的用户随手就可以把从《赫芬顿邮报》上看到的新闻转到Facebook上。这样转出的新闻链接会被访问Facebook的朋友们看到，Facebook的使用者信任朋友推荐的新闻或文章，继而为了看新闻而访问《赫芬顿邮报》，这样就形成了良性循环。

当Facebook的访问人数超过谷歌时，《赫芬顿邮报》的访问人数也相应增加了近50%。而且Facebook的用户有个特点，就是他们不是单纯点击一下就关闭页面，而是还会在相关新闻下面积极留言评论，所以宣传效果会加倍。《赫芬顿邮报》CEO埃里克·希波说："我们是为了使Facebook用户与朋友共享各种新闻，才创造了哈芬顿社交新闻的。"

《赫芬顿邮报》还努力利用简单的游戏玩法引导用户的竞争心理，减少匿名发表不当言论的情况，引导网友共享良性信息。这种方法就是显示评论的粉丝人数，让用户自行判断评论的可信度。就是用户假如喜欢某个评论，可以点击评论者的用户名，成为他的粉丝。此外，《赫芬顿邮报》还会根据被分享或推荐的信息数量给用户颁发"超级用户"称号，给粉丝达到一定数量的用户颁发"风云人物"称号，给发表不当言论的用户送去"修炼中人物"称号，使用户注重自我形象管理。《赫芬顿邮报》充分利用了网络媒体的互动性，成了包括《华盛顿邮报》在内的其他媒体争相模仿的对象。

《赫芬顿邮报》利用网络媒体的快速传递特性和“电子新一代”重视人际关系的特性，获得了成功。随着获得信息的途径的增加，用户对媒体的关注从对具有公信力的特定媒体转移到了具有话题性的网络媒体上。相信《赫芬顿邮报》将博客和网络的优点结合在一起，推出以开放性和共享性为特点的运营模式，将会继续发展下去。

## 全民拥护：
## 令奥巴马放不下、可口可乐垂涎的饮料Honest Tea

媒体曾经多次介绍美国总统奥巴马在竞选总统时期爱喝的饮料。据说在他的专用飞机上也备有这种意为“诚实之茶”的Honest Tea饮料，这家俘获了总统的世界性饮料生产商也为可口可乐公司所垂涎。事实上3年前，可口可乐公司就花了4000万美元（约2.45亿元人民币）购得了这家公司40%的股份。

1998年，毕业于耶鲁大学的赛思·戈德曼和他的导师巴里·纳尔巴夫推出了这款低糖有机茶品牌“诚实之茶”，那么是什么让这款饮料受到如此的关注呢？如果只是以占据百事可乐、斯纳普等高糖度饮料和矿泉水的中间市场为目的，出售有机茶的话，“诚实之茶”不可能如此成功。但是他们以独特的方式打造了品牌的核心价值“诚实”，创造了其他公司无法超越的品牌价值。

“诚实之茶”即使亏损也不会利用产品欺骗消费者。有一次，该公司即将推出产品Zero（即零热量）饮料，商标已进入印刷阶段的时候，他们却发现他们的饮料每瓶仍然含有3.5卡路里热量的营养成分，而不是真正的零含量。美国食品与药品管理局（FDA）规定：只要含热量在5卡路里以下的饮料就可以宣传为Zero饮料。"诚实之茶"没有为几勺白糖出卖自己的良心。他们用Ten替换了Zero，发布了新商品。同时，这一举动让消费者知道了100%的天然无糖产品是没有甜味的。

消费者对"诚实之茶"的反应在预料之中，很热烈。致力于销售健康饮料的"诚实之茶"极大地改变了美国饮料市场的格局。"诚实之茶"创立之初，市场上的饮料平均每瓶的含热量为100卡路里，到2010年，这个数字下降到了60卡路里，可见其影响。

"诚实之茶"在营销上也追求诚实。该公司在美国6个城市设置了无人销售柜台，让消费者自行付款购买饮料。通过这种方式，"诚实之茶"的知名度得到了进一步提高。

此外，"诚实之茶"还致力于承担社会责任。2004年，作为瓶装饮料公司，该公司第一次流通了公平贸易产品[①]。他们支援原

---

① 附有"公平贸易"认证标签的货品。其中以公平咖啡、公平巧克力最出名。公平贸易概念主要是针对国际贸易中的不平等现象提出的。在公平贸易原则下，生产者直接销售产品，尽量减少不必要的中间渠道，提高了生产者的产品销售价格，有效保护了他们的利益。

TEN
$

材料茶叶的原产地印度麦卡巴里地区的绿色森林保护项目，印刷商标只用植物油墨水。2009年，为了节约资源，“诚实之茶”还将其塑料瓶的重量减少了22%。

赛思·戈德曼表示：“比起商品，我们更加重视正直之品质。”想让你的产品得到消费者的支持吗？那么，在经营范围内更加真诚地体现只属于本企业的核心价值吧。

# 红海中的蓝海：
## 美国最牛出租车公司开拓的新领域

“需要租车吗？”

每到一个机场，我们首先看到的风景就是出租车司机为了招揽外地游客忙碌奔走的情形。人们到外地旅游或出差的时候大多会打车，所以出租车公司甚至会在机场设置办公室，招揽客户，各家之间的竞争也非常激烈。

但是，有家出租车公司与其他公司不同，选择了另一种市场，并大获成功，那就是1957年成立的Enterprise Rent-A-Car（企业租车公司）。目前该公司占据美国车辆租赁企业之首，占有租赁市场60%的份额。在美国汽车专业机构J.D.Power公司和租赁汽车消费者满意度研究机构共同进行的顾客满意度调查中，2007年至2010年，该公司连续4年获得了第一名。那么，这家公司的成功秘诀是什么呢？

租
CAR

该公司的办公室没有设置在机场，而是在普通居民区内，在美国人90%的生活区域附近的15英里内。他们为什么要这样做呢？

除了目前的竞争对象，即“需要租车的旅游者”，他们还关注其他对象，那就是因“汽车故障和维修需要租车”的消费者。Enterprise Rent-A-Car和各地区的汽车维修店建立了关系网。维修店则给需要维修汽车的消费者介绍Enterprise Rent-A-Car。Enterprise Rent-A-Car还把车库设在郊区，这比设在租金昂贵的机场节约了很多费用。

Enterprise Rent-A-Car在人们认为已经饱和的市场中掀起了新的改革，获得了巨大成功。大多数竞争者容易聚集成一窝蜂。通过价格竞争决胜负的红海市场，容易变成多方受伤的流血竞争。但是只要稍微转变一下角度，有一点儿创意就能发现其他人还未涉足的蓝海。放弃在打折市场以“低价”展开的自杀式竞争，开创“生活方式”新概念的Homeplus（家＋商场）就是极具代表性的例子。再比如优衣库，在以设计和价格作为竞争筹码的服装市场上，优衣库以功能性材料和供货时间短的优势给自己带来了新的成长点。还有在被认为已经饱和的皮鞋市场上，成为新发展趋势的卡骆驰（Crocs）也是如此。

世界上只有成熟的企业，没有成熟的市场。看似具备所有因素的市场总是能推出更新的点子。越是成熟的市场，越需要超越价格、品质和设计，越是创意争芳斗艳的地方。

## 网上没有的：
## 网上卖眼镜一夜爆富的穷大学生

牛顿对于苹果成熟落地这个极其自然的现象提出“为什么”，从而发现了万有引力定律。这个“为什么”也是创意的开始。在牛顿的故乡英国，大学生詹姆斯·默里也是从“为什么”开始创立英国最大的网上眼镜零售店Glasses Direct的。

有一天，詹姆斯想买一副眼镜，他突然感到疑惑：“网上为什么不卖眼镜呢？”20世纪初英国正处于网络购物兴盛时期。

但是非常奇怪，网上就是没有卖眼镜的店，詹姆斯正苦于找不到好的经营项目，觉得这是个很难得的机会。就这样，Glasses Direct诞生了，这意味着只要顾客有视力测试结果，就可以在网上以市场价的1/10购买眼镜。

事业刚起步时，詹姆斯碰到了第一个难关，那就是顾客要先试戴一下才会购买的习惯。“什么样的眼镜适合自己呢？”Glasses

Direct急需找到让顾客亲自确认的方法，为此，Glasses Direct开发了不用亲自试戴也可以选择眼镜的Custom Eyes（眼镜定制）软件，顾客只要把自己的照片上传到网站上，用不同眼镜在网上搭配即可。

第二个难关是与地面眼镜店的冲突。地面眼镜店巨头Specsavers对于Glasses Direct的成长感到了巨大威胁，它通过威胁眼镜制造公司和法律诉讼的方法阻挠Glasses Direct的发展。

詹姆斯有效利用媒体的力量，努力树立Glasses Direct提供低廉价格和优质商品的好企业形象，同时将Specsavers塑造成贪婪的经营者形象。

首先，詹姆斯将对方律师送过来的诉讼状投放到公司网页上，然后雇用兼职人员在市中心穿着可怜的“羊”服装发放宣传单。宣传单上详细说明了Glasses Direct的价格合理以及地面店的暴利内幕。

这一系列活动引起了很大的社会反响，舆论开始批评获取暴利的强者，这直接导致Specsavers停业。此事件提高了Glasses Direct的知名度，同时营造了它价格合理、为消费者着想的优良企业形象，随之带来了营业额的飙升。

Glasses Direct通过合理的价格、眼镜试戴系统以及良好的企业形象，获得了长足的发展。2009年其销售额达到了600万美元（约3672万元人民币），获得了英国女皇企业促进奖。

但通过奋斗获得成功的年轻企业家没有停歇，詹姆斯于2010

年又开创了网上助听器销售店Hearing Direct。

好的经营点子的产生思路都相同。“为什么网上不卖助听器？”从这个问题开始，詹姆斯以现有助听器的一折价格在网上出售助听器。虽然Hearing Direct开业不过两三年，Glasses Direct就在2011年被评选为英国100强创业荣誉企业，其反响可见一斑。

你是否在寻找新的经营项目？首先向自己提出“为什么”，然后再寻找网络上还没有销售的项目吧。

**更多信息分享**

这是一个关于大学生创业的传奇故事。2004年，21岁的英国大学生詹姆斯因为买了一副眼镜而逐步开创了自己的事业，并以1000英镑的（约9590元人民币）学生贷款作为本金成功掘得他人生的“第一桶金”。如今，他创立的公司已经成为全球最大的网上眼镜零售商。2011年，26岁的詹姆斯获得了英国表彰企业成就的最高荣誉——英国女皇企业促进奖，成为该奖史上最年轻的获得者。詹姆斯同时成为美国《福布斯》杂志推举的“还没毕业就成为百万富翁”的年轻企业家中的楷模。

## 顾客的不便：
## 生产手机饰品的企业有多赚钱？

“笔记本电脑用久了太烫，不能放在腿上用啊。”“糟糕！咖啡洒在鼠标上了，也不能水洗，怎么办？”

有一家企业通过解决消费者的这一琐碎烦恼而大获成功，这就是贝尔金公司。他们开发了可以像抱枕一样放在腿上使用的电脑桌、可以水洗的鼠标等。

贝尔金公司是一家专门生产苹果公司iPod（苹果播放器）饰品的知名企业。市面上，让无数苹果迷爱不释手的各种糖果色手机套和可将iPod戴在胳膊上听音乐的臂带就是这家公司的产品。贝尔金公司成立于1982年，该公司通过生产IT配套产品获得了持续发展，自创立以来不仅从来没有发生过赤字，并且每年都能以10%的速度成长。

那么，该企业如此成功的秘诀是什么呢？

那就是解决连消费者也没察觉到的不方便，从而获得设计灵感的能力，这些设计都是由自主运营的IDG[①]完成的。与其他重视技术能力的大公司不同，贝尔金公司非常重视在设计方面投资，其每年有20%的预算、10%的人力都投资到了IDG。但这些投资不是用于生产炫目和漂亮的外观，而是通过“彻底观察”，发现未被人们察觉但的确给人们的日常生活造成了不便的问题，再设计出解决这些问题的产品，这样一来也实现了产品的差异化。IDG设计师们每次设计新产品之前，都会入户访问消费者或者跟他们一起购物，了解人们的产品使用习惯。

前面提到的像抱枕一样的笔记本电脑散热垫CushTop也是通过这样的过程开发出来的。设计者发现消费者习惯将笔记本电脑放在腿上使用，但是这样笔记本电脑就会晃动，并且底部的散热也不好。于是他们设计了笔记本电脑散热垫，解决了这个人们习以为常但又未被重视的烦恼。贝尔金公司秉承“解决消费者还未察觉到的不方便”的宗旨，提高了消费者对其产品的满意度和忠诚度。

消费者对产品的忠诚度也成了该企业持续性发展的动力。大部分企业都会说“消费者是上帝”，但是在很多情况下，企业只是炫耀自己的技术或想要制造超越市场的产品，往往忘记了消费者的需求，这样的企业在自我满足的过程中生产出来的改革性产

① IDG：Innovation and Design Group的缩写，意为创新与设计部。

品最终都会以失败告终。只追求绚丽的外观而不重视功能，旺季一过，产品的生命就走完了。

如今，设计的作用不单单是装饰产品的外观和包装。经济萧条期的消费者更加细心，他们更需要“可以解决我的麻烦”的产品，而不单单是漂亮或功能强大的产品。这个案例告诉我们，要有好的创意，首先要细心观察，了解消费者，然后制作出可以解决连消费者也未察觉到的麻烦的划时代产品。让消费者体会到无法忘怀的使用体验，那么即使在激烈的竞争和不景气的市场环境下，你也可以立于不败之地。

## 新空白：
## TV收费市场上获利的NDS

收费频道市场目前正处于春秋战国时代，各路商家混战。过去电缆TV、卫星播放主导的市场，随着当前网络电视的推出，更加急速增长，随之也带来了激烈的收视率战争。KT[①]、SK[②]、LGU+[③]等大型企业相继加入竞争激烈的收费电视市场，然而真正受益的另有其他企业，那就是生产收费电视服务中必不可少的CAS的NDS（安视网）公司。

CAS是接收限制系统，即收费电视公司给消费者提供信号时只有缴费用户才能通过密码收看节目的装置。CAS可以说是收费电视公司收益的直接来源。因此CAS市场越是扩大，收费电视市场

① 韩国电信公司。

② 韩国第三大跨国企业，能源化工、信息通信时其支柱产业。

③ 韩国移动运营商。

就越增长。

NDS成立于1988年，总公司在英国，是世界上CAS技术的领头羊，目前已至少打入25个国家，2007年其销售额达到7亿美元（约43亿元人民币），2008年突破了8.5亿美元（约52亿元人民币），占全球市场份额的30%，在韩国的市场占有率也超过了70%，那么NDS成功的秘诀是什么呢？

首先，NDS比其他竞争企业“眼疾手快”。NDS注意到电视市场的迅速成长，积累了机顶盒技术。实际上，在世界范围内，机顶盒市场每年都能持续增长11%。收费电视公司为了保护自身的利益，非常重视节目信号的安全性，这些公司为了防御黑客的威胁，竭力研发安全保护技术。NDS预测到这一现象后迅速着手技术研发，开发出保护产品，与韩国以及世界主要的机顶盒生产公司结成了合作关系，成了世界市场的领头羊。

其次，NDS在相关领域扩大了市场占有率，并以其核心技术为基础进入相关产业，努力实现收益多元化。随着时代的变化，电视市场从电视扩展到电脑、手机，NDS也与业内的其他公司结成了合作关系，为它们提供多样服务。另外，NDS还以机顶盒为基础，开发了以收费用户为单位调查电视收视率的技术，提高了当前收视率调查的质量。NDS同时还开发了将CAS搜集的顾客信息应用到营销或广告上的技术。另外，NDS在具有购物或游戏功能的互动电视领域也有非常高的销售额。

总体来看，NDS的成功秘诀是具备了准确抓住成长型市场领域的“眼睛”和超越他人的研发技术，在市场上站稳了脚跟。最近NDS不断尝试改革，还将进军从未涉足过的市场。也就是不仅在欧洲、北美市场，还要将业务扩大到中国、巴基斯坦、越南等亚太地区的收费电视市场。

随着社会的不断发展，新的市场增长点将会源源不断地产生。企业能否准确地找到并运用这些增长点，决定了其能否找到最直接和最积极的创意途径。

科斯达克市场的强者IDIS的情况也相同。IDIS打破了传统保安行业以保安为中心、派遣人力实现保安的模式，大胆推出了数字保安系统。IDIS公司具有代表性的产品有汽车专用保安系统、学校保安系统等。这些产品是从当时的社会关注点——殴打公交车司机和学校暴力事件中获得设计灵感的。因此，解读社会现象也可以发现新的产品生长点。

时装集团HyungJi的经验也是如此，他们注意到了中年女性中低价高级时装市场的缺失。当时市场上中年女性的服装不是“昂贵的套装”就是“低廉的市场货”，两种市场分别走了两个极端。HyungJi通过生产价格合理、设计良好的高级时装，解决了中年女性对着装的烦恼，在中年女性时装市场上开辟了新的市场。HyungJi集团的代表品牌Crocodilelady作为韩国本土品牌首次实现了在韩国连开500个卖场和折合约16亿元人民币的销售额。

## 女人的钱：
## 为什么越贵的指甲油反而越畅销？

“啊，心情不好，需要调节一下。”

这时候女性首先想到的是什么？那就是颜色鲜亮的指甲油。在指甲上涂抹漂亮颜色的指甲油就可以轻松转换心情。只需要花一点儿钱就能换个心情，所以年轻女性都希望拥有一两瓶漂亮的指甲油。

在指甲油市场上，有一款商品满足了女人们各种挑剔的要求，那就是OPI。OPI在价格上比普通的7毫升装、1000韩元（约5.5元人民币）的指甲油整整贵了15倍，却是女人们的首选品牌。OPI成立于1981年，主要向韩国、印度、俄罗斯等100个以上国家出口产品，每年能生产5.5亿瓶指甲油，2009年其销售额达到了4400亿韩元（约24亿元人民币）。用小小的指甲油就征服了全世界的女性，这家企业到底有什么不同呢？

20世纪90年代的指甲油有两个缺点，一是容易掉色，二是对身体不好。“指甲油刚涂上的时候很漂亮，但过几天就会掉下来，颜色也会变浅！”“听说这是化学用品，是不是对身体不好？”但是即使有这样的不满，爱美如命的女人们也还会用指甲油。OPI创始人乔治·谢弗从中发现了机会，当时他在制作补牙材料，这种材料具有加强牙齿坚固性的同时，还具有增亮效果，正好可以用到指甲油原料上。

这样制作出的OPI产品对人体既没有伤害，同时还具有持久性，因此深得消费者喜欢。指甲油不容易毁掉、容易上色、没有使用甲醛等化学药品，这些既改善了产品的性能，同时也提高了产品的安全性，一下子就解除了女人们的顾虑。另外，OPI指甲油的瓶子也很特别，他们还制作了可以均匀涂抹指甲油的特殊的刷子，涂完指甲油的手也方便拿住指甲油瓶给另一只手涂指甲油。OPI在业界第一次尝试的改革，堪称指甲油界的“可口可乐”，具有划时代意义。

OPI的成功还在于“颜色”上。80年代，OPI进入指甲油市场的时候，女性可选择的指甲油颜色不是很多。女性为了塑造更完美的外在形象，非常注意包括指甲油这个小细节在内的所有环节。了解到这个需求后，OPI集中开发了品种繁多的指甲油颜色。OPI的管理人员表示：“指甲油如同彩笔，所以需要把最常用的颜色制作成多样化的产品。”也就是说，OPI不是只有单纯的某一种红色，从浅红到深红，它制作了数十种红色系列，满足了女性微妙的需求变化。其他颜色也一样。到目前为止，OPI指甲油拥有200多种颜色，同时OPI还经常参加每年的世界知名时装秀，及时掌握每年的流行色动态。另外，OPI的颜色专家们也保持着每个季度都推出2种以上新颜色的更新速度。

另外，“California Raspberry”（加州树莓）、“Malaga Wine”（马拉加酒）是什么呢？就是OPI红色系列指甲油的名字。OPI没有取“#red1”（红色1号）、“#red2”（红色2号）等千篇一律的名字，而是使用这种好玩的名字以便于消费者记住。OPI将产品出口到国外的时候还会取当地化的名字，比如带有南美特色的“Up The Amazon Without A Paddle”、具有浓郁亚洲特色的“Suzi Sells Sushi By The Seashore”等，这些指甲油的名字往往会在女性群体中成为时尚话题。OPI采取先取特色的名字再开发产品的方式进行生产。目前有1500个名字等待着配套的产品生产上市呢。

心理学家弗洛伊德曾说：“女性的心理就是未知的新大陆。”但是世界上没有人类不能征服的大陆，要知道，女性的心理在很多方面是相同的。英国的经济杂志《经济学家》曾在2006年发表：“忘了中国、印度和网络经济吧，在不久的将来，女性将是促进经济增长的主力。”

女性的影响力在不断增强之际，市场也需要能够俘获女性心理的产品和方法。在这方面我们或许可以学一学OPI的战略。

## 食品产品的命根：
## 美国第一酸奶生产企业做了什么？

美国有机酸奶公司石原农场的最高经营人加里·赫什伯格最近制作了说唱音乐剧。他在公司被称为“CE-Yo”（会说唱的CEO）。为了传播既能保障健康又能保护地球生态的产品形象，加里·赫什伯格申请当了说唱演员。还有这么奇怪的CEO？在石原农场这可不是奇怪的事情。石原农场占据美国有机酸奶市场第一位，年销售额达到3.4亿美元（约21亿人民币）。

石原农场创建于1983年，创始人加里·赫什伯格毕业于美国新罕布什尔州有机农业专业学校。这家企业通过有机酸奶大获成功，2006年他们就将环境保护制定为企业的成长战略。为此，公司引进了MAP[①] 新系统，将公司全部职员分配到11个项目小组，让

① Mission Action Program的缩写。

各小组提出环境保护点子。

“减少室内温室气体排放量”小组的办法是关闭不必要的电灯，使用风能发电，这使得成本减少了200万美元（约1224万元人民币）。“运送&流通”小组主要致力于减少二氧化碳排放量，另外为节省燃料，他们还在汽车上安装GPS，提前掌握最短路线，缩短运送距离。通过此举，该公司2010年节约了760万美元（约4651万元人民币）的运送费用。2007年和2008年运送工具用火车代替了汽车，成本减少了250万美元（约1530万元人民币）。

MAP获得成功的原因是职员们都认同环境保护这个主题，这种认同始于员工教育。新进人员进入公司的第一天就要接受环境教育。其中半天是气候变化教育，其余时间是有机农业体验。

另外，公司提供各种补助，培养职员在日常生活中养成保护环境的习惯。拼车、骑自行车或步行上班的员工可获得补助。

同时，石原农场在与消费者的沟通上也下了不少功夫。他们将农场的故事和价值观印在产品包装纸上，甚至有位副社长专门主管社交媒体，积极通过Facebook和推特[①]与公众进行沟通。这不仅向公众传达了正确的饮食观念，还持续介绍了公司养殖的奶牛的成长情况。这种沟通在消费者中树立了石原农场优良的企业形象，销售额也相应获得了持续增加。

---

① Twitter，国外的一个社交网络及微博客服务的网站。

石原农场既保护环境又赚取利润的经营方式获得了消费者的认同，企业也获得了空前良好的业绩。当今是优良企业才能获得成功的时代，石原农场的成功再一次证明了真诚的企业在市场上可获好评的事实。

“我想入职优良企业（91%）；想购买优良企业产品（61%）。”

这是针对年轻人的一项调查结果。如今环境保护、公平成为社会关注的话题，企业将自身定位为优良企业已不再是一种可是可非的选择，而是必须的选择。企业将优良企业名号单纯地用于营销，消费者一眼就能看出来。企业的价值、战略、实行三步骤达到一致时，才能获得“优良企业”荣誉。

Break!

## 创意方法 4

# 对习以为常的东西提出质疑

偏见：经济萧条期，做什么反而最赚钱？

常识：低收益领域也能创造高收益

错觉：傍定业界大款

捡漏：4年收益增长30倍的某演艺公司

森林：爱迪生发明的不是灯泡，是电网

曲线：把广告做成演出

惯性：企业也要打造自己的“特别部队”

比赛：向社会问创意、摆点子擂台的思科

乌托邦：伊那食品工业的“年轮经营观”

动员：皮克斯动画工作室13年大获成功的秘决

随机：只要有好点子，谁都可以当领导

## 偏见：
## 经济萧条期，做什么反而最赚钱？

在经济萧条期，家庭清洁用品能畅销吗？

是的，经济不景气时畅销的不是酒类或者化妆品而是家庭清洁用品，这是为什么？大家都会觉得讶异。有家公司证实了这个离奇的说法，那就是占据日本家庭生活用品市场首位的花王公司。这家公司在2008年冬天全世界陷入经济危机时，大力推销其家庭清洁用品，并大获成功。同时它推出了比普通产品贵4倍的染色剂，创造了高收益。

花王的这一举措打破了经济萧条期人们会减少消费的偏见。2008年冬天，花王在全国25000个超市里挂上了“这个冬天，全家一起做大扫除”的标语，出售扫除用品。花王为什么突然推出这样的项目？花王在过去10年内一直在做关于家庭扫除的消费者调查。其结果是丈夫参与扫除时，扫除的范围会扩大，简单的扫除就会变成家庭大扫除。

当时，因经济萧条，很多家庭的丈夫失业在家或是减少了上班时间，于是这些在家待业的丈夫参与大扫除的概率大大增加，所以市场对扫除用品的潜在需求就在增加。花王根据这样的调查结果推出了清洁主题活动，在打折店举办清洁用品展览，免费提供家庭清洁计划表和清洁指南小册子。同时，为了让孩子们也参与清洁，花王还印刷了10万本给小学生用的清洁指导手册，分发给全国500多个学校。花王的预测非常准确，虽然清洁用品行业的整体销售额减少了，但花王的销售额增加了不少。

而且，花王打破了萧条期要以低价取胜的惯常认识。普遍的观念是在萧条期，销售商应该以降低产品价格来吸引消费者，花王打破了这个普遍观念。2008年10月，花王推出了“Blaune花王泡沫染色剂”，其价格为1100日元（约69元人民币）左右，比一般产品贵了4倍。但是，如此高价格的产品在2个月内就销售了100万瓶，取得了业内第一的成绩。那么原因究竟何在呢？原来“Blaune花王泡沫染色剂”就像洗发液一样，洗头的同时就能染色，使用方法比当前的染色剂方便。但是即便是使用方法简单，消费者也大多不会放弃低廉的产品而选择贵4倍的染色剂，这其中有什么秘密？

秘密在于，花王在研发产品之前，做了一项关于白头发染色

2008
SUPPERMARKET
HOT
这个冬天全家一起大扫除
sell:
Clean

的消费者调查。结果，很多人认为膏状的染色剂非常不方便，不能自行操作，而且自己给自己染色一般需要很长时间。根据这个调查结果，花王开始研发泡沫染色剂。

花王即使在萧条期也关注到了“机会”，预测到花大价钱在理发店染发的消费者也可能转变为泡沫染色剂的用户。这个预测得到了证实，实际上购买花王产品的消费者中有40%是最近开始自己染发的消费者。

花王在不断分析消费者，观察萧条期消费者生活方式的变化、需要什么样的产品等。只有了解了消费者的真正需求，才能推出清洁用品或高价染色剂等连竞争对手都想不到的大胆的战略性产品。在萧条期消费者也会消费，只是消费方式会发生相应的变化。其实现在萧条已变成了日常生活状态，那么掌握萧条期消费者的心理变化也是创意产生的一种方法。关键是要打破现在的框框。

此外，还有一个掌握了萧条期消费者心理而获得快速成长的公司，那就是作为日本快递业之首的山田快递。该公司预测消费者在萧条期因经济状况不良，有可能选择网络购物，因此开发了符合个人需求的快递服务。为了与其他快递服务实现差别化，它推出了安全包服务、快递Time服务、手机定位等特色性服务。得益于新的服务模式，在萧条期，山田快递依然占据快递业第一位。

雅马哈公司的情况也相同。因经济萧条，钢琴消费急剧下滑，雅马哈利用与音像社的关系开发了音乐门户网站、音源开发等项目。这些充分发挥了雅马哈专业性的新项目，不仅留住了原有的钢琴消费者，还发展了很多普通人成为潜在的钢琴消费者，在短时间内增加了很多注册人员。

## 常识：
## 低收益领域也能创造高收益

在电子行业一直存在“微笑曲线”（Smile Curve）理论，就是在“产品企划—部件生产—制造—销售—售后服务”过程中，两端的环节，即产品企划和售后服务的收益率最高，中间的制造环节收益率最低。其图形就如微笑的嘴一样两端上翘，所以取名“微笑曲线”。

因此很多企业将力量集中于高收益领域，中间环节的制造工序大多以外包的形式解决。但是有家企业专注于制造环节，也获得了巨大的成功。那就是EMS[①] 市场的强者伟创力集团。摩托罗拉手机、微软的X-BOX游戏机、柯达数码相机等知名产品都是由该企业生产制造的。

---

① Electronics Manufouturing Services，电子制造服务。EMS提供商是指给自有品牌厂商提供制造服务的厂商。

伟创力集团的销售额为33兆韩元（约1817亿元人民币），这是世界级企业的销售额，在低收益领域增加了4%的营业收益率。伟创力集团在全世界30多个国家拥有23万名职工，分别在数百个工厂内工作。该公司通过标准化生产和接受大量订单，在节省费用的同时提高了效率，将打造最好的制造企业的梦想变成了现实。

伟创力集团在其他企业放弃制造产品的时候以低价收购了全世界的工厂，在生产现场取消了输送带，缩短了工人之间的距离，通过这种方式实现了全世界工厂的标准化。该集团通过经验得知，组装小型电子产品时工人间的间隔小、用手传递更加有效率，因此取消了输送带，不仅节约了生产时间，还可以检查不良产品。

伟创力集团通过标准化生产获得了两个优势，第一是生产的灵活性，例如巴西工厂的生产量不足时可以转移到中国；第二是活用剩余空间的追加收益。取消了输送带，工厂面积多出了15%，可以引进更多新设备进行追加性生产。伟创力集团的所有工厂都是竞争关系，公司收购工厂的时候会连同职员一起收购，但是只有在和其他工厂的竞争中获胜的职员才能和工厂一起生存。

竞争策略调动了职员的积极性。为了提高设备使用的效率，该公司鼓励员工之间相互竞争，这样总体的生产效率就和以前形成了鲜明的对比。工厂完成了设备的效率化工作后就要进入加强工厂内部管理的阶段。强化内部管理的代表例子就是利用大量订单降低了购买单价。

新收购的工厂设备配备由专门的采购小组购买，他们都是总公司派出的职员。他们利用世界范围内的部件单价数据，寻找“在保证品质的基础上价格最低廉的部件”。此后这些部件被伟创力集团所有的工厂采购，一次性购买大量部件，有效地降低了部件单价。

当所有企业受普遍观念影响而在同一个领域内进行角逐的时候，可以像伟创力集团一样思考一下反方向的可能性。在大家都觉得困难的时候拥有独特的想法、果断行动的人才能获得竞争力。

Daiso（大创公司）只销售1000韩元（约5.50元人民币）均价的商品，而这1000韩元均价中排除卖场管理费、人力费等运营费用后其收益非常少，但是2011年Daiso销售额为6000亿韩元（约33.03亿元人民币）。

那么，其中的秘诀是什么呢？该公司在全国的700多个卖场销售2万多种商品，因此消费者一次的购买量非常之大，甚至有时它们还向日本的Daiso供货，因此一次性销售100万件商品是很普遍的事情，如果对方有需要还可以将设计改得更加简单。

不要认为经济萧条期不会产生消费而缩小经营范围，很多企业相信萧条期消费者更能消费，他们注意观察消费者的消费方式，从而获得了新的机会。

## 错觉：
## 傍定业界大款

有句俗话说：“在金矿，最挣钱的人是旁边卖牛仔裤的。”实际上，随着社交网络服务SNS的盛行，很多企业投入到了相关行业，但是真正找到矿脉的人几乎没有。在寥寥无几的成功的企业里，其创业故事堪称传奇、能改编成电影的就是Facebook。但是在Facebook背后还有一个“卖牛仔裤”的，那就是Zynga（星佳）。Zynga花了2年6个月的时间，就使用户轻松突破了1亿，而Facebook达到这个成绩却用了4年6个月，因此Zynga被评为发展态势超过Facebook的最具潜力的企业。Zynga成立于2007年7月，是社交网络游戏（SNG）领域的代表性企业，被称为“游戏界的谷歌”。

Zynga的名称取自其创始人马克·平卡斯的宠物狗，那么，这家企业的成功秘诀到底是什么呢？那就是 Zynga一直与SNS一起成长。Zynga的一个特点是其游戏用户只有通过Facebook等SNS才能玩游戏，而不能单独安装在苹果机里使用。因此Zynga不需要再拓展会员，这为它减少了很多成本。同时，合作企业也认为他们的网站通过Zynga的游戏留住了更多的会员，效果倍增。这两者的结合带来了双赢的结果。

那么，Zynga是怎么产生收益的呢？先看一看Zynga的代表性游戏FarmVille，这款游戏类似于中国的开心农场。这个游戏是玩家在虚拟农场里通过种植农作物、栽培果树、饲养家畜来不断扩大自己的农场，同时和一起玩游戏的邻居结为好友就可以替对方施肥或给对方送礼，帮助对方快速扩大农场。用户还可以通过购买虚拟货币帮好友施肥或饲养家畜，实际上Zynga95%的销售额来自销售游戏角色。

Zynga的游戏受欢迎还有另外一个原因。刚开始的时候，Zynga的游戏还不能算是完美的游戏，游戏发布的时候只是以主题游戏为基础，尚处于初级水平，是后来才根据消费者的反应和要求不断修正和完善的。这种灵活性强化了玩家对游戏的偏好。Zynga游戏的玩家则把游戏当作增进其人际关系的手段，而且还可以把自己的意见加入到游戏中。这样一来，Zynga游戏的用户不仅享受到了游戏本身的乐趣，还把Zynga当成了一种社交工具。

**更多信息分享**

Zynga是一家成立于2007年6月的社交游戏开发商，依靠同年9月上线的游戏《德州扑克》挣到了第一桶金，目前旗下有54款游戏分布于各平台上。Facebook前10位的游戏中，Zynga的游戏占了6个。Zynga在全球的月活跃用户总数达到2.35亿，日活跃用户总数为6500万——而《魔兽世界》全球用户总数为1150万。Zynga的盈利模式很简单，和腾讯差不多，主要收入来源是通过社交游戏向用户出售虚拟物品。与我们对欧美游戏企业的固有印象不同，Zynga的运作方式更像是集中国网游企业之大成，而且将其发挥到了极致。由此可见，对于网络产品来说，有一个好靠山是多么重要啊。

## 捡漏：
## 4年收益增长30倍的某演艺公司

美国的Sonicbids公司是帮助客户联系歌手或乐队，让他们在客户的宴会上进行表演的中介公司。该公司成立于2001年，2003年收益为24.8万美元（约152万元人民币），但是2005年达到了300万美元（约1836万元人民币），2007年更是突破了800万美元（约4896万元人民币），短短6年增加了30倍。

这家公司目前的注册歌手、乐队和各种演出人员有20多万名。Sonicbids关注难以进入大型演艺公司的无名歌手和小规模演出市场。虽然每个演出给该公司带来的收益比较少，但把所有的演出加到一起，Sonicbids就拥有了150亿美元（约918亿元人民币）的巨大市场，这就是长尾市场中的机会。

长尾理论是从“20%的商品或顾客产生80%的销售额”这一传

统的二八法则中衍生出的概念，它认为其余80%的商品或顾客产生的20%的销售额就像长长的尾巴一样，效益低，但也是一块蛋糕。重视效率的企业更多关注的是销售额较多的20%的商品或市场。但是Sonicbids盯住收益较低的80%的市场，即“长尾巴”部分的顾客，这正是“积少成多”战略。

那么，联系那么多“不出名的”演艺人员和中小规模的演艺公司，扩大低效产出的有效方法是什么?

正确答案是网络。

Sonicbids网站类似婚介网站，歌手或乐队只需要缴纳很少的注册费，便可以上传自己的简介——包括照片和MP3格式的试听音乐等信息去展示自己，应聘相应的演出。这种宣传方式比演艺人员自己制作宣传资料、参加选拔或面议演艺公司更加便捷。

演艺公司或演出组织者找到应聘演出的歌手的简历，试听音乐后，选择符合演出性质的歌手。另外，Sonicbids网站上还有地区性论坛，还可以根据地理位置、日期、类型搜索表演者。

Sonicbids在开办初期只是一个单纯的联系歌手和演艺公司的网站，但是后来举办家庭聚会的消费者也在Sonicbids上找音乐人，他们就扩展了此项业务。此外，市场对游戏、电视剧背景音乐等其他领域的需求也在增加，这说明该公司的前景非常广阔。

Sonicbids的成功在于它找到了市场的潜在需求，并以集参与性、共享性、开放性于一身的Web2.0模式为平台扩展业务。即使是在经济萧条期，消费者的消费诉求也不会降低，那么萧条期的竞争加剧了该怎么办？只要有诉求，就可以寻找解决方法，随之带来机会。

获得诺贝尔和平奖的孟加拉乡村银行[①]实行了对普通百姓的小额贷款，帮助那些拿不出房租、孩子学费、药费等琐碎项目费用的人；开创低价化妆品市场的Missha（谜尚）和The Face Shop（菲诗小铺）也是因为注重没钱购买昂贵化妆品的多数消费者，才获得了大的成功。

关注印度8万中产阶级的TATA（塔塔汽车）集团，推出了相当于1.4万元人民币的TATANANO汽车。在印度，年收入达到100万卢布（约19万元人民币）的中产阶级都买不起汽车，因此TATA集团通过革命性技术降低了成本，推出了世界上价格最低的汽车。

这些企业在低利润区获得的成功，使很多只看到眼前20%的高利润区的企业纷纷开始转变态度。所以请关注金字塔的最底端吧，80%的消费者正等待着英明的企业做出改变。

---

① 2006年度诺贝尔和平奖之一得主，孟加拉格拉明乡村银行。

## 森林：
## 爱迪生发明的不是灯泡，是电网

爱迪生用电灯取代了火把，照亮了人类历史的漫漫长夜。当时研究“电灯”的人，除了爱迪生还有数十个人，但只有爱迪生考虑到了让消费者放弃火把，使用电灯这种最方便、最低廉的设备。他认为真正具有竞争力的应该是“电网”而不是“电灯”。为此他想到通过发电器、电表、输送电线等发明一个新型的设备，并且利用自己的声望获得发明许可。爱因斯坦不是通过开发新技术而是通过观察全局，才获得了革命性的成功，也就是说，他看到的是森林，而不是树木。

最近成为话题的“绿色成长”企业也一样，如果一味地执着于开发新技术，那么不可避免地会失败。要成功，就必须考虑现有技术、收益模式、慎重的市场选择、良好的法律环境四个方面。

在电子汽车领域有家企业叫“Better Place”，他们通过改变系统受到了众多关注。2007年1月，Better Place获得以色列政府的援助和美国洛杉矶10亿美元（约61.20亿元人民币）的基金支持而成立，该公司的成立旨在推进电动汽车的开发。Better Place的目标是“简便、充电稳定，并确保充足的燃料供给，价格低廉”。19世纪开发的电动汽车到目前为止还不能受到关注的主要原因是，电动汽车比汽油汽车价格贵，使用起来还不方便。

这家公司决定首先解决电动汽车充电时间长和充电场所少、不适合长距离行驶的问题。为此他们想到了分离汽车电池，更换已用电池，设置电池自动替换中心的方法。另外，他们还在住宅和公司附近设置可在停车时充电的充电网络，开发了可安装在汽车上的充电网络导航系统。

为了降低电动汽车的价格，该公司想到了通过销售电量获利而不是用汽车创收的方式。汽车以低价出售或免费提供，再通过销售电量获得收益。电价比汽油价低很多，所以把电价定得与油价一样或比油价稍低出售，就可以创收。

决策者的战略眼光决定销售市场的规模。出生于以色列、现居美国的Better Place创始人夏嘉曦（Shai Agas Si）将目标市场确定在以色列。以色列领土较小，长距离行驶的人也少，可以回避电动汽车一次充电行驶距离太短的弱点。

这个例子表明改变世界的企业更加注重整个“系统”的完善而不是个别“技术”的创新。

## 更多信息分享

事实上，本书介绍的Better Place的这一模式目前已经宣告失败。究其原因，并不是电动车比汽油汽车行驶时间短，需要不断充电，而是其充电基础设施想要取代原有的加油站，具有难度。只有充电基础设施的投资回报显著高于石油、天然气等传统方式，高到能够取代原有的工具，这项创新才可能得到社会的广泛投资。充电基础设施的建设投资大、利润低，如果只是一个企业进行这项投资，势必在获得收益之前筋疲力尽，将财力耗干。

另外，与传统方式相比，电动汽车并不具备明显的优势，只不过是换了一种动力能源。它不像电灯，电灯的优势是原有照明工具无法比拟的，它有着广泛的社会需求。在投资收益上，电灯也有获得高收益和相关技术的可能性。

新事物尚不具有取代旧事物的绝对性优势，不能代表社会的发展趋势，必然难以流行。

或许若干年后，因为某项技术，或者其他原因，电动汽车具备了可以取代原有交通系统的强大优势，成为社会的主流，但是那毕竟只是未来具有可能性的事。然而我们仍然不能否定从整体的角度出发开发创意的思维。

## 曲线：
## 把广告做成演出

“哇，那个外国人在干什么？好神奇……”

2008年秋天，一个外国人出现在韩国明洞繁华的街头，他手上拿着一个长1.80米、宽0.5米的箭头状纸牌，他像调酒师一样不时旋转或抛接纸牌，摆出各种超高难度的动作。

这场演出是在韩国首次推出的“炫标”（Sign Spinning）广告，炫标是让人利用印有广告文案的道具表演各种技艺，以引起人们注意的“演出式广告”。

在明洞演出的外国人是一位名叫迈克尔·肯尼的美国人，他是“炫标”广告技法的发明人，他在2002年还是高中生的时候，拿着这个点子和100美元（约612元人民币）与另一个朋友在美国圣地亚哥创立了最早的炫标广告公司“Arrow Advertising”（标箭广告）。

初期，他们承接的大多是宣传邻居家的汉堡店等小生意，而后这种方式通过YouTube[①]在网络上广为流传，公司也从小店面扩大成了大企业，目前标箭广告的业务已遍布全世界，拥有750多名职员，销售额达到了450万美元（约2754万元人民币）。那么标箭广告成功的秘诀是什么？

第一个秘诀是它吸引人们眼球的趣味性。观众首先是对精彩的表演感兴趣，而不是广告本身，这样能够在不知不觉中向广告目标群体传递广告信息，达到无声胜有声的效果，这就是炫标广告最大的成功秘诀。

第二个秘诀是广告表演者在享受表演的同时能够获得更高的报酬。能否表演得好看、有趣、吸引人，关键在于表演者“炫标”的实力。炫标广告主要是以趣味性招揽顾客，表演者表演得越有趣，公司就会给予其越多的报酬。

在该公司，一般的广告表演者年收入为4万美元（约24.5万元人民币），有实力带徒弟的每年收入可达7万美元（约43万元人民币）。另外，该公司每年还会选拔最好的广告表演者，或者召开全国“炫标”大会，在广告表演者之间创造良性竞争。通过这种方式，到目前为止，它开发的“炫标”技术已经有400多个了。

“炫标”的事业始于“趣味”，每个广告表演者都享受表演

---

① 世界最大的视频分享网站。

××电器

的过程，所以才能吸引人们的眼球。如果你也有好玩的点子不要藏着，拿出来秀一秀吧。广告表演者一边跳舞一边表演非常愉快，看演出的人也受到感染，觉得看这种演出是种享受。

像这样打破领域界限的创意例子很多。Top Coder通过召开算法解析比赛聚集了全世界的黑客，研发市场需求的软件系统。看起来只是玩个游戏或者参加一场比赛而已，但其中蕴含着巨大的商机。

## 惯性：
## 企业也要打造自己的“特别部队”

企业需要不断地提供“让世界震惊的新商品、新项目”，但是不管是什么样的革命性产品，一旦普及便会成为普通的产品，迎来销售停滞不前、收益下降的局面。世界最大的硅胶生产企业道康宁在20世纪90年代也碰到了这样的危机。

硅胶一度被称为“现代产业的调味品”，是当时非常成功的革命性产品，被广泛应用于半导体、化妆品、医疗、化学产品等领域。但是20世纪90年代，硅胶产品进入了成熟期，商品逐渐增多，价格急剧下滑，廉价竞争产品增多，收益降低。

道康宁面对残酷的现实，必须吸取“被过去的成功所蒙蔽”的教训。过去针对企业的销售方式已不适合现在的市场了，另外，为了降低几种产品的价格，需要果断放弃按需服务项目。在这种危机下，道康宁在公司内部设置了新的业务拓展部门。

新部门于2002年创办了世界最大的硅胶网络Xiameter。通过这个网站，公司可以把销售模式由零售改为批发。顾客在Xiameter网站上就可以完成顾客咨询、价格确定、下订单等业务，也就是道康宁对其组织结构和工作模式做了180度的改变。通过这种方式，道康宁大获成功，Xiameter自2002年创建后短短4个月内就收回了所有成本。

此后，道康宁持续以10%的速度迅速成长。Xiameter的销售额占到康宁销售额的20%。最近道康宁为了扩大网络交易业务，宣布Xiameter上销售的商品数量将增加2倍。

那么，道康宁为什么要设置新部门呢？其实是为了保证新推出的品牌不至于损伤公司的高端企业形象，同时新的组织也需要脱离原公司的运作惯性。

生产高端产品的体系不需要确定价格、下订单、配送等费用系统和信息技术服务、自动化系统等功能，但在改革后的系统中，这些功能变得越来越重要了。以“破坏性改革”著称的美国知名经济学家、哈佛大学教授克莱顿·克里斯坦森曾表示，一个组织开创新事业的时候最大的障碍是“现存组织的惯性”。

制作“特别部队”、开创新项目也是企业成功的秘诀之一。你是不是在策划新事业？像道康宁一样，打造一支与现存组织不一样的“特别部队”吧。

## 比赛：
## 向社会问创意、摆点子擂台的思科

发展态势良好的企业是不是也需要考虑“未来要做什么”这个问题？企业决策层每天都在寻找下一个生长点，但这并不是那么容易就能找到的。世界最大的提供网络解决方案的企业美国思科系统公司通过革命性的方法解决了这个问题。他们借助大众的智慧创造了数百万美元的新生长点。

2009年，思科系统公司的销售额为361亿美元（约2210亿元人民币），世界排名第一。一个企业要寻找新生长点并不容易，因此，思科系统公司召开了“I-Prize”新点子大赛，向大众征询未来要开拓哪一方面的事业，以期寻求最有创意的方案。2007年第一届大赛，共有来自104个国家的2500名参赛者参加。在各种新奇的点子中，智能电网的点子最终获胜，提出这个点子的参赛者也因此获得了25万美元（约153万元人民币）奖金。

2007年点子大赛大获成功后，2010年1月思科又召开了第二次大赛，共有156个国家的3000多人参加了大赛，提出了824个点子。经过6个多月的比赛和评审，最终获胜者是一个由5名墨西哥大学生组成的小组。他们的创意点子是一个关于提高假想现实和真实现实的关联性的项目，这个点子被思科系统公司选为下一个重点投资的项目。

面向全世界召开点子擂台赛并不容易。首先，思科在网络上开通了公司的专门网站，建立了可以供数千名参赛者自由发表意见的平台。在网站上，参赛者只要实名注册，就可以上传自己的点子、评论其他点子，还可以给喜欢的点子投票。

思科还对未来有可能涉及的知识产权问题做了充分准备。例如，为参赛者上传点子的时候增加了一个步骤，以便确认该点子是不是作者的原创，这是为了防止出现盗用他人点子的情况。

收到参赛者的点子后，公司就要在这800多个点子中进行筛选，思科公司内部有5个点子评价标准，分别是：1．点子是否准确把握了公司的问题；2．是否可形成有规模的市场；3．时机是否合适；4．能否突出思科公司的优势；5．能否在市场上长期保持优势。

根据这几个标准将有40个点子入围，之后参赛者需要进一步完善各自入围的点子，思科也会给参赛者提供各种支援，帮助其弥补点子的不足，加强优点。思科同时还和参赛者共享思科内部的工作方案以及评价方法，这样参赛者就可以自行评价点子是否具有商业价值。这个过程之后将选出10个优秀的点子进入半决赛。最后，思科管理层和外聘专家会在这10个点子中选出大赛的冠军。

思科“I-Prize”大赛充分利用了大众的智慧，发现了很多珍贵的点子，这些点子单靠思科公司内部是无法得到的，在这个过程中，思科发现了还未被满足的顾客需求，为公司下一步的产品开发提供了思路。

如果你的企业也在寻找新的生长点，那么你是不是也可以考虑集思广益，汇聚大众的智慧，这种方法可以给企业带来新的生机。

## 乌托邦：
### 伊那食品工业的“年轮经营观”

在日本，有一家企业正不断收到NHK（日本放送协会）等知名电视台和报社的采访邀请，此外，丰田等大企业还要求到此企业学习，这个企业就是寒天食品公司伊那食品工业。

1958年以11名职员起家的伊那食品工业，目前已成长为拥有398名员工、年销售额为171亿日元（约11亿人民币）的大企业。

为什么大家如此关注这家企业呢？

原因在于这家企业独特的经营哲学“年轮经营”。所谓年轮经营就是，树木一年长大一圈，企业也一样，需要按一定的节奏慢慢成长。

大部分企业都认为企业规模和销售额的增长是企业成功的标准，因此很多企业都追求企业的快速成长。假设某个企业最近推出的商品反响良好，如果你是这家企业的CEO，会不会想要增加员工人数和装备，扩大商品生产，实现利益扩大化呢？大多数人可能都抗拒不了这样的诱惑。

但是伊那食品工业敢对高成长战略说不，他们认为产品畅销时增加员工数量，扩大设备，在畅销期可以获得巨大成长，但是萧条期一来，那些增加的员工和设备将面对结构调整、成本缩减等严峻形势。

总之，企业的快速成长有可能给企业和职工带来风险，伊那食品工业追求“永久可持续成长观”，因此拒绝采用通过大型超市向全国扩散的销售方式，也不进行大批量生产，可见成功的商业点子也要反复验证。

“年轮经营”理念中重要的一点是“职工幸福感”，因为公司深信，职工感到幸福的公司才能长久发展下去。这家公司从来不进行过多的雇用和投资，所以没有必要进行结构调整，仍然保持着可以让职工放心工作的终身雇佣制、工龄工资制，而且还有每两年一次的海外旅游等多种福利。

公司完全相信职工的能力，待职工如同家人一样，在这种环境下工作的职工为了公司的发展，发挥着超常的能力，企业因而获得了超额的工作效率。因此，公司能够不断推出畅销产品，利用新开发的寒天加工技术开拓了工作用、家庭用、外出就餐用、医疗用、工业用市场。截止到2005年，该公司已经成立48年，这48年来他们每年都能刷新最高营业额和销售额记录。目前寒天食品在全球市场的占有率高达15%，在日本国内市场的占有率为80%，是名副其实的大企业。

全球经济危机后，美国式结果主义经营方式遭受多方质疑，雷曼兄弟的破产风波告诉人们，只重视成果的企业无法持续发展下去。伊那食品工业利用与美国式经营系统完全相反的方式获得了50多年的持续成长，“年轮经营”成就了人人梦想的乌托邦企业，同时也隐藏着企业持续发展的秘诀。

**更多信息分享**

在日本，最了不起的公司不是丰田，不是索尼，不是东芝，而是那些捍卫“幸福感”的公司，在这样的公司中，隐藏着企业永续经营的管理密码，最典型的就是伊那食品工业。伊那食品工业第一眼吸引我们的，或许是它惊人的业绩，这个已经被当成夕阳产业的寒天制造工厂，却能够连续48年保持10%的营收增长和利润增长。

伊那食品工业主张：“所谓一家好公司，不单单是经营上的数字好，还要让所有与公司相关的人，都能够由衷地赞美‘真是一家好公司啊’。”一家优秀的公司与一家好公司的区别在于，优秀的公司只要能交出一份漂亮的财务报告就可以，而好公司远远不止如此。

基于这项主张，伊那食品工业的冢越会长订立了三项经营方针，来为员工守护这份幸福。

第一项是“不勉强追求成长”。这里主要指公司不勉强追求流行，不为景气所左右。这也是本节所说的。最令人敬佩的一点是他们不盲目扩张。伊那食品工业作为寒天制造厂中的佼佼者，订单每天都从日本全国各地潮涌而至。一般来说，面对大量订单的涌入，马上增加产量是必然的决策。

但是冢越会长却说：“我们应该婉拒所有订单。这种一时的流行，一定会有衰退的一天，届时也必定会带来不好的影响，我不想到时候牺牲员工。”

他们对所有下订单的顾客说：“非常感谢您的惠顾，但我们公司最重视的是员工，我们没有要求员工加班的制度，因此无法接受您的订单。”

公司以电话或信函婉拒顾客：“现在接受订单也要等上三个月、六个月。”公司还在网页上制作鞠躬道歉的动画，不过也惹来不懂得这家公司“文化”的人抱怨连连。

后来是员工自己提出：“很多人想买都买不到，我们就顺应顾客的需求吧。很感谢会长的顾虑，但是我们应该可以胜任。”因此公司才决定配合需求增加产量。

热潮隔年便退去，这也是意料之中的事。虽然隔年的销售额也不少，但是从数字上看，却比前一年降低了。如今成长曲线已慢慢回落，情况完全符合冢越先生的预测。

被伊那食品工业婉拒的不只“寒天热潮”，还有大型渠道商的橄榄枝。

伊那食品工业坚持“自己构思的产品，要由自己制造、由自己销售”。曾经有家大型超市（从北海道至九州都有连锁店）希望销售伊那的产品，如果接受他们的订单，一年可以赚进几亿甚至几十亿日元，伊那却毅然拒绝了。因为他们认为销售不只是单纯地销售商品，而是连同整个制造过程和相关的文化、软件价值都在销售内容当中，超市无法做到这一点。几十亿元的生意也丝毫无法动摇他们“不勉强追求成长”的经营方针。

## 动员：
## 皮克斯动画工作室13年大获成功的秘决

美国有家电脑动画企业通过《玩具总动员》《超人总动员》《美食总动员》《机器人总动员》等充满独特素材和奇妙点子的作品俘获了全世界观众。

这家公司就是皮克斯动画工作室，它在过去10年内推出的所有产品均在创意战场——好莱坞大获成功，被评为“地球上最有创意的企业”。

更厉害的是，皮克斯动画工作室所有的创意都是内部职员想出来的，成立至今，他们没有在外面购买过一次点子或故事。那么，他们是怎么做到不断产生创意的呢？

皮克斯动画工作室CEO埃德温·卡特穆尔曾表示，能够让小点子逐渐成长起来的“创造性组织”就是秘密。他说的创造性组织是什么？

大多数电影制作公司会专门设立开发创意的部门，但是皮克斯动画工作室没有这种部门和职位的限制，只要是工作室的员工，谁都可以提出点子，而且不管是谁，只要有好点子，就可以组织动画开发小组，创作作品。

公司内还设立了皮克斯大学，职员们可以在110多个课程中任意选择学习大学的专业科目，课程包括素描、水彩画、雕刻、电脑、编程、演技、动画等。公司的会计可以学习雕刻工艺，编程专家也可以学习表演，员工们通过这种方式拓展了视野，没有局限在自己的领域内，所具备的知识涉及不同专业。

皮克斯大学还是公司内各部门、各职位的职员聚集在一起互相了解业务、自由交流的平台。20多人的班级里既有管理人员，也有照明、技术人员、开发人员、厨师、警卫等人员。职员在这里对各自的课题和点子进行讨论、发表意见。公司不遗余力地支持皮克斯大学开展课程，一周至少有4个小时的课程，并且这些课程还被算进了员工的工作时间。

此外，公司还有“每日例会”制度，每个员工在这个会议上都会将其工作过程介绍给其他同事，然后就此展开讨论。参会者会从不同角度讨论作品、交流意见，这样会激发出很多点子，在这个过程中，每个人都可以找到完善自己所负责项目的方法。埃德温·卡特穆尔也会参加会议，并常常发表自己的意见。

皮克斯动画工作室制作一部动画需要4～5年时间，在这么长的时间内既需要完善当前的点子，又要谋求企业的发展，不能靠一两位“天才”，而是需要一个“创造性组织”。创建一个创造性组织的秘诀非常简单：将权限下放给大家，进行教育，努力营造意见共享和协力合作的氛围。

**更多信息分享**

皮克斯动画工厂的前身是1986年史蒂夫·乔布斯收购乔治·卢卡斯的电脑动画部后成立的皮克斯动画工作室。2006年，皮克斯被迪士尼收购，成为其子公司的一员。皮克斯已经获得七次奥斯卡最佳动画长片的荣誉。

皮克斯的动画色彩鲜艳，人物形象设计独特、性格丰满，这与其公司文化密不可分。从《海底总动员》《怪兽电力公司》等影片的花絮中可以体验到整个公司那轻松活泼的气氛，正是这种气氛使皮克斯的动画，从故事选材、脚本创作，直至人物刻画、技术制作，都充满了创意。

皮克斯的巨大成功，得益于约翰·拉塞特自始至终贯彻的“故事”“角色”“世界”三个维度都必须完美的要求。在拍摄《玩具总动员2》时，拉塞特及其团队还专门创作了两个版本，因为不满第一个版本的故事情节，又特地推倒重新设计了第二个版本，即使迪士尼认为“第一个版本已经足够精彩”了。

影评家总试图为皮克斯的温情路线找到某种规律，甚至有人专门整理出皮克斯相似的故事线索：“性格要多点缺陷，大爱要用寂寞铺垫，情节要足够搞笑。”然而皮克斯用一次又一次不可复制的成功告诉他们，创意和故事才是关键。皮克斯几乎将三分之一甚至四分之三的时间，都花了在故事的构建上。

## 随机：
## 只要有好点子，谁都可以当领导

有家公司的组织结构非常特别，其公司最高管理人员通过职员投票的方式产生，此外没有部长、科长、社员等级别的职位。即使是新进职员，只要自己的项目得到了同事们的认可，就可以成为领导。你是不是在想这个公司运营是否正常？这家企业就是“戈尔”，它开发了众多改革性产品，连续4年被《财富》杂志评为“世界上最舒适的公司”。它的主要产品是集防水、排汗、排热等特殊功能于一体的面料“戈尔特斯”（GORE-TEX）。

戈尔生产的不只是戈尔特斯，还生产比一般的吉他弦结实的Elixir吉他弦和P&G（宝洁公司）的牙线。此外，他们还开发医疗、电子、电缆、纤维等不同行业的众多产品。

戈尔在50年多年的经营过程中，没有发生过赤字，并不断地推出改革性产品。他们的成功秘诀是什么呢？答案非常出人意料，不是突出的技术和人力，而是畅所欲言的独特的组织文化和体系。戈尔设有特别的组织结构Latrice Organization。

该公司内部没有分出部门，职工根据项目随时集合或解散。戈尔认为公司的地理位置非常重要，它有助于职工进行灵活沟通。一般来说公司设在偏僻的地方可以减少费用和成本，更具效率性。但是戈尔认为职工通过邮件或电话沟通有很多限制，为此公司让一个地区的所有员工都在一个地方工作，同时把每个建筑内可容纳的人数限制在200人以内，方便职工记住彼此的姓名，这样就提高了员工之间的亲密性。

另外，公司内没有部长、董事长、管理人员这些职位，只有各个小组的组长，他们占全体员工人数的10%。能否成为组长的最重要因素是组员们是不是认可这个组长。例如，开会时某位职员将自己的创意宣讲给全体员工，如有其他职员对此做出呼应，会议组织者即可成为组长。现在的最高主管特丽·凯利也是通过这种方式选拔出来的。

那么，这个公司就完全没有限制吗？公司为了不断推出新产品，让员工每半年至少提出一个新产品开发点子，被采用后还会进行最终评估，将结果完全体现到员工的待遇中。然后公司从这些点子中选出对公司收益有用的，将之运用到产品中推广到市场上。

那么，怎么从每个月的100多个点子中选择最优的呢？戈尔的产品开发指导思路给出了答案。首先，想出点子的开发人员必须回答“该产品能改善多少顾客问题”“有多少顾客需要该产品”“顾客愿意花多少钱来购买”等问题。此后随着开发的进行，还需要预测“我们有没有实现点子的技术”“弥补技术不足的对策”“成败的可能性有多大”等问题。最后还要对“收益性”进行分析。

这种体系可以确保判断的客观性，并保证让职员自由沟通，加上对创意负责的措施、严谨的组织体系，就可以生产出震惊世界的产品了。

Redefine!

创意方法 5

# 将过时的再定义为超时代的

发现价值：重新定义核心产品的价值而重生的漫威漫画

核心技术：富士胶片制作化妆品？转型的成功典范

形象代言：从监莓到郑亨敦，40岁三立面包的华丽变身

概念化价值：世界名牌都在用的拉链

价值桥梁：免费经济的二次盈利模式

颠覆形象：柏青哥不是赌博，是娱乐

彻底重建：本地化占领中国大陆市场

回收垃圾：销售二手手机，4年成长18倍

异域移植：创意也可以入股公司

## 发现价值：

### 重新定义核心产品的价值而重生的漫威漫画

一个年轻貌美的女子被一群恶棍纠缠，突然，一位穿着红蓝相间紧身衣的英雄出现，瞬间就摆平了所有恶棍。这是电影《蜘蛛侠》的画面。蜘蛛侠不仅在电影里解救了无数被恶棍欺负的人，同时还救活了自己的电影公司漫威娱乐有限公司（Marvel Entertainment），并一下子赚了全世界1兆多韩元（约55亿元人民币）。漫威漫画和DC漫画在过去数十年内是北美漫画书市场上的领头羊，漫威漫画推出了《蜘蛛侠》《X-战警》和《无敌浩克》等多部畅销书。但是随着网络的发展，这种情况发生了180度的转变，纸质漫画书市场萎缩，漫画公司陷入了破产危机。

由于纸质漫画书市场急速萎缩，大部分公司都破产倒闭了。在这种情况下，漫威漫画是如何进行改革扭转局面的呢？首先，漫威漫画接受了纸质漫画书市场开始走下坡路的现状，开始寻找新的成长途径，那就是电影。漫威公司将出版过的书中的5000多个知名漫画形象改编进电影，激发起了众多漫画迷的怀旧情绪。由此，漫威娱乐有限公司与电影制作公司结成了合作关系。

根据环境变化改变核心事业或战略方针的现象在经济学上称为“再定义”（Redefine）。漫威的再定义战略成功了，此后它通过授权的方式转移了核心事业，在玩具、卡通形象、游戏等领域取得了巨大成功。漫画中的英雄形象挽救了前途不明朗的漫画图书公司，使其一跃成为卡通形象授权公司，而且，漫威大胆构思了自主制作电影的方案。

公司偶尔也会因为不确定的环境变化出现核心项目受到限制的情况，在这种时候，大多数企业不会放弃已获得的成就和过去的收益方式，也不会接受市场走下坡路的事实，多是坚持固有的经营模式，相信总有一天一切都会恢复原貌。但是，如果想在不断变化的市场环境中保持持久的发展活力，就要像漫威漫画一样，放弃过去的成功，再定义公司的核心价值，寻找改革的最佳途径。第一步就是要找到企业拥有但还未发挥其价值的“隐性资产”（Hidden Assent）。漫威漫画的资产看起来是“漫画书”，实际上隐性资产却是“漫画形象和故事情节”。

大多数企业只注重能看见的价值，但是仔细找一找还能发现固有的但未被发现的价值。在经济萧条期，我们更应该努力寻找隐性资产，此外，为了生存也要大胆地脱胎换骨。

不久前，拥有100多年历史的柯达破产了，也是因为没有适应胶片市场已经数字化的大环境。相反，与柯达一样也是胶片生产企业的富士胶片公司发现了作为胶片原材料的硅胶这个隐性资产，重新定义其价值，从而得以成功进入化妆品行业并大获成功。企业能否根据环境的变化正确定义其价值是决定企业生存与否的关键。环境变化对每个人都是公平的，但是如何利用变化，由赢家和输家各自决定。

## 核心技术：
## 富士胶片制作化妆品？转型的成功典范

在日本某个化妆品柜台旁，一位穿着华丽的中年妇女拿起一瓶红瓶装化妆品，这款化妆品就是艾诗缇（ASTALIFI），是最近比较畅销的具有抗衰老功能的化妆品。但这位中年妇女确认过生产商后却迟疑了，因为该化妆品的生产商居然是以生产胶片和数码相机闻名的富士胶片公司。

富士胶片进入了化妆品领域？是不是该公司在不相干的领域进行了事业扩张？其实胶片和化妆品并不是毫不相干的，胶片的原材料中有50%是硅胶，富士胶片公司为了获得更清晰的照片效果，研究了70多年硅胶。

该公司在发展过程中积累了自己独有的防热化技术。人类皮肤中的蛋白质含有硅胶，皮肤老化的过程中硅胶含量也会减少，从而导致皮肤松弛，出现皱纹。富士胶片公司就是要把胶片的防热化技术应用于能减少皮肤硅胶流失的化妆品中。

皮肤和胶片的关联性不只这些，照片掉色是紫外线引起的酸化现象，人的皮肤老化也是相同的原因导致的。富士胶片公司开发了可长时间保存相片成像的胶片防酸化技术，在此过程中该公司积累了20万种化合物的相关资料，并以此为基础制作了具有防老化功能的虾青素抗酸化成分，使用含有这种成分的化妆品，可以延缓皮肤老化。

2007年9月，富士胶片公司根据此项技术推出了“艾诗缇”基础化妆品品牌，但是那时化妆品市场已被资生堂、佳丽宝等大公司占据，因此，富士胶片公司采用了大力宣传“富士胶片制作的化妆品”的战略。“胶片公司制作化妆品”的话题引起了消费者的兴趣，采用特殊技术制作的产品具有的特殊功能也在消费者中引起了极大反响。

富士胶片公司化妆品的销售额持续增长，负责化妆品项目的富士胶片信息化解决方案事业部的销售额从2009年的9008亿日元（约559亿元人民币）增长到了2010年的9174亿日元（约571亿元人民币）。随着数码相机的出现，胶片产业成了急速下滑的夕阳产业之一，富士胶片的情况也一样。胶片产业曾是富士胶片公司的主产业，而如今这一项业务只占公司总销售额的3%。在很多企业放弃夕阳产业的时候，富士胶片公司是如何将胶片技术应用到化妆品中的呢?

富士胶片公司主要是依靠自己特殊的优势FTD（包括三个部分）开发新产品的。FTD是指“合理分配已有的技术——Formulation（配制），将其用到必要的地方——Targeting（目标），以合理的形态提供——Delivery（提供）”。

胶片技术本身是夕阳技术，但是在此技术上接入FTD，就可以成功地推进化妆品开发事业了。“研究本公司的产品和人类皮肤的共同特性，充分利用本公司产品在解决人类皮肤问题方面的优势，制作化妆品，再配合得当的销售方式，将我们的产品介绍给关注防止皮肤老化的女性”，富士胶片公司正是通过FTD这种新形式开拓了新的事业领域。

不仅是化妆品领域，富士胶片公司还把FTD应用到了保健领域。它以过去积累的制作胶片的化学技术为基础，分别挑战了化妆品、医药、医疗器械等综合保健领域。实际上，富士胶片公司多年来一直致力于医学用品基础材料的开发以及医用药品和放射性药品的开发。

最近，富士胶片公司成功研发了利用处理胶片表面的明胶技术治疗皮肤癌的软膏。俗话说，只有夕阳产业，没有夕阳企业。环境变了，企业的核心产业也需做出改变，像富士胶片公司把原有产业的技术和经验活用到其他领域的情况非常值得关注。

企业再定义产业时，首先要明确自身的隐性资产和核心价值，这样才能根据顾客的需要再定义固有资源的价值。

富士胶片公司将制作最好的胶片的技术和经验作为核心价值，即使环境有变也可以通过再定义持续扩大产业。

想扩大你的事业吗？首先考虑能否根据顾客的需求变化对现有的技术和经验进行再定义。首先在头脑中打破原来事业的局限，这就是事业扩张的关键。

## 形象代言：
## 从蓝莓到郑亨敦，40岁三立面包的华丽变身

不知道从什么时候开始，包子成了韩国人冬天不可或缺的食品。这似乎让人觉得不可思议，因为包子可是有着40多年历史的老掉牙食品。1971年，为了度过面包业的萧条期，三立公司推出了包子，因为包子刚出来时很烫，吃的时候需要吹一吹，所以其名字取自“呼呼，吹着吃的面包”。

包子是三立公司为了度过经济萧条期而推出的商品，但该公司在推出包子之初并非一帆风顺，因为包子只有刚蒸出来的才好吃，而且只有热的才能吃，但是超市不可能一一加热出售。

所以，三立公司在推出包子的同时，也开发了蒸包子的机器。为了开发可保持包子的温度且操作方便的机器，三立公司的创始人徐昌盛名誉会长组织了特别小组到深山里进行封闭式研

发。他们经过两年多的努力，终于制造出了蒸包子的机器，之后使用这种机器蒸的包子一经推出就销售一空。20世纪70年代初，一般的面包每个卖5韩元（约3分人民币），但包子的价格是每个20韩元（约1角1分人民币），非常贵。

如今，包子已成为韩国男女老少皆喜欢的国民食品，但三立公司在发展过程中也遭遇过不少危机。进入20世纪80年代，韩国经济急速发展，人们的生活需求提高了，年轻人就不太接受包子的老派形象了。

所以，三立公司试图改变包子的这种形象。当时将包子打造成国民食品的头等功臣是“冬风温暖，拂过两颊”之类的广告，但是三立公司果断地放弃了这类广告，利用当时最出名的演员拍摄偶像派广告，拉拢了年轻一代。这个战略获得了成功，新广告播出后，其年销售额比上一年增长了70%。

但是20世纪90年代，包子的危机再次来临。当时，大型超市和便利店的出现使商品流通领域的环境发生了革命性的变化，包子行业也再一次受到冲击，需要做出改变。那时候人们喜欢在大型超市购买多个为一组的包子回家加热食用，而且各个大型超市都推出了自主品牌包子进行销售。

那么三立公司是怎么渡过这一难关呢？答案是高端化！三立公司推出了为高考考生准备的糯米包子、给女性准备的蓝莓包子等多种特制高端商品，这使它的产品与低价面包形成了差异。三立公司最近也在持续而快速地推出其他新商品。2011年，三立公司的包子产量增长了60%之多，同时还推出了印有人气谐星郑亨敦形象的“郑亨敦包子”，此举再次获得市场的好评。三立包子在接踵而来的危机中依然占据包子市场80%以上的份额。三立深受国民爱戴的原因是不断追求变化的努力，而不是闪亮的点子。

## 概念化价值：
### 世界名牌都在用的拉链

耐克、李维斯、阿迪达斯、LV（路易威登）、菲拉格慕的共同点是什么？

你仔细观察的话，肯定会发现它们都在使用同一个公司的拉链，也就是YKK拉链。

1934年日本人吉田忠雄创立的YKK在当今世界拉链市场上的占有率为50%，该公司以拥有10万多顾客为优势，在与数千个中国制造企业的超低价竞争中保持着快速发展的势头。YKK能够保持年销售额5560多亿日元（约345亿元人民币）的秘诀是什么呢？

首先，YKK没有把公司的产品定位为单纯的“拉链”，而是将“拉链”的含义扩展到“可打开、可关闭的东西”。因此YKK开发了防水拉链、安全拉链等划时代产品，如果把拉链单纯地定义为扣子的替代品，就无法取得这样的成就。

另外，YKK拉链保证“开合自如”，即绝对优质。如果你认为拉链没有多少品质区别那是错误的。回忆一下，你是不是因为拉链遭遇过很多尴尬？对于每一天开合数十次的拉链，其品质的重要性可见一斑。YKK在全世界有很多生产工厂，但生产设备一定要是在日本生产的。另外，从线到布料等大部分原材料，YKK拉链都要求由物价昂贵的日本本国供应。由于有如此完善的品质管理，YKK产品在质量检测中即使试用万次也不会出问题。

另外，YKK保证“Made in Japan”（日本制造）另有原因，那就是为了尽快赶上顾客的需求变化。YKK的主要顾客之一优衣库是时尚流行的风向标和领头羊。它每两周就会变换一次产品结构，因此拉链也需要缩短生产周期。此外，不管是什么类型的拉链，YKK只要收到订单即可投入生产，因为YKK自身可生产拉链生产机器，因此不管多么复杂的拉链都可以快速投入生产，这就是企业顾客不断向YKK下订单的原因。

YKK之所以能成为世界性企业，其观察全局的能力也至关重要。YKK获得牛仔裤生产商李维斯独家供应合作的过程就是例子。起初李维斯是向供货商收购大量的拉链，一一缝制到牛仔裤上。YKK仔细观察此过程后，开发了将拉链自动缝制到牛仔裤上的机器供应给李维斯。这个机器只能缝制YKK生产的拉链，李维斯当然不会拒绝提高效率的方法，YKK自然也获得了拉链独家供应权。YKK不单单是给合作伙伴供应单一部件，还留意解决制作

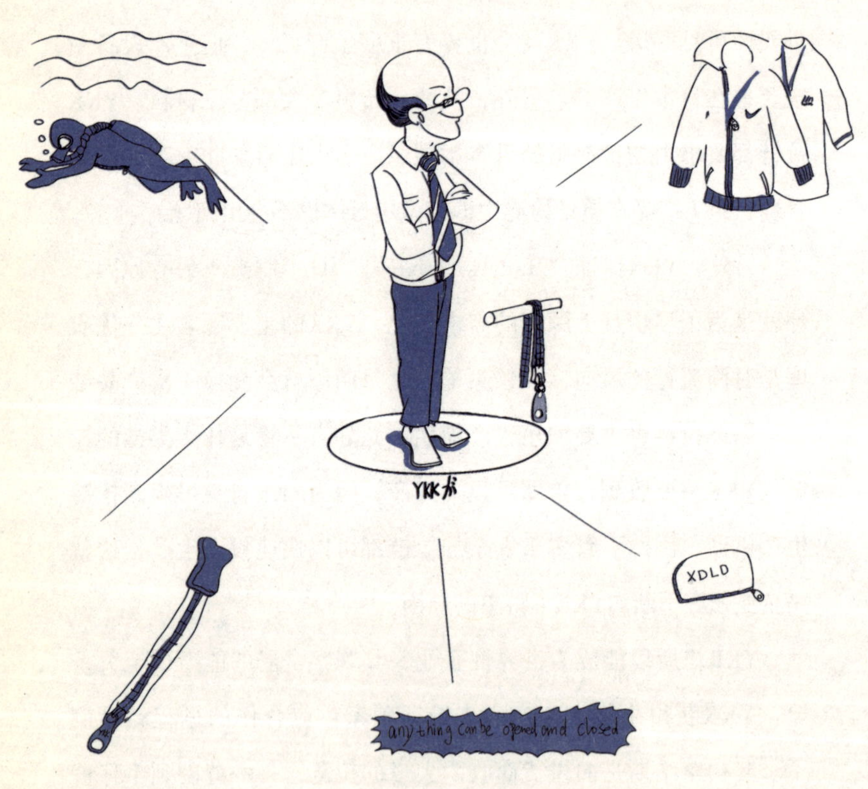
YKK
XDLD
anything can be opened and closed

牛仔裤的全部流程中的问题。

“YKK不是在制作拉链，而是在生产满足感”，这是YKK网站上的宣传语。YKK成为世界级服装品牌追捧的企业的秘诀是再定义拉链的价值，以及其将拉链打造成奢侈品的工匠精神。即使是制作一个小小的拉链，也会彻底地观察其根本用途和最后的使用环节，于其中创造市场，这样的智慧才是改革的秘诀。

## 价值桥梁：
### 免费经济的二次盈利模式

以交换生身份到庆应大学留学的A急需上辅音课的资料，但是图书馆的复印机旁已有很多人在排队等着复印，心急如焚的A找到了校内便利店，但是便利店没有复印机。便利店职员觉得很奇怪："为什么会有人到这里找复印机？"

这时候一张Tatacopy的广告映入A的眼帘，那里有两台复印机正在运转，A复印完准备付钱的时候店员告诉他："这里复印是免费的。"然后微笑着把墙壁上的告示指给他看："为学生免费复印。"

那么，Tatacopy是社会福利团体办的吗？还是庆应大学学生会的项目？两个都不是。Tatacopy是Oceanize（傲海广告）公司的投资项目。

Tatacopy成立于2006年，1年后便创造了2亿日元（约1248万元人民币）销售额的记录，也就是该公司实现了10倍以上的成长规模。给顾客免费复印还能创造如此收益的秘诀在哪里？

答案是广告。

2006年4月，庆应大学的Tatacopy开业了。这家店铺获得了学校附近的企业的赞助，免费为学生提供复印服务，而它们给企业的回报是在复印纸背面为赞助企业印刷广告。

通过这种免费战略，Oceanize得到快速成长，不仅如此，2008年，Tatacopy还打进了美国和中国市场，目前Tatacopy在100多个国家和地区提供免费复印服务。

Oceanize的Tatacopy服务正好反映了最近比较流行的免费经济。免费经济的盈利原理是，企业将本应该付钱购买的产品或服务免费或以低廉的价格提供给消费者，由此获得消费者的关注或市场认知度，然后通过广告赞助来创造新收益。

Tatacopy是赞助商形式的免费经济，不向消费者收取费用，而是从第三者赞助商中获得收益。媒体大多通过刊登新闻、信息获得广告赞助，Tatacopy则是利用免费复印，也可以利用音乐下载和免费通话等服务获得赞助。

这个商业模式要获得成功必须招揽尽量多的使用者，同时要开发有效果的广告。Tatacopy每15天要更新一次复印纸背面的设计，并免费为企业提供广告设计服务，以此创造持续的收益。

开创免费通话市场的JaJa也采用了相同的模式。现下虽然网络电话等价格低廉，甚至是免费的，但JaJa的优点是用户可以使用自己的电话免费获得服务。方法很简单，用户只需进入JaJa网页注册自己和需要通话的对方的电话号码即可。那么，由谁来付费？电话连接的时候连接音是某特定企业的广告，通话费由做广告的企业来支付。

## 更多信息分享

我们知道，最早利用广告实现免费经营的经济实体是媒体，传统的如报纸，报纸本身是赔本的，报社所赚取的是刊登在报纸上的企业的广告费。网络的盈利模式也是如此，网站作为内容提供平台，内容本身是免费的，他们所赚取的是广告费。本案例给我们提供了一个很好的思路，就是不仅网络和报纸可以作为媒体，任何大众需要的、离不开的服务都可以是媒体。

这种二次盈利模式是不是可以用在很多地方？那么具有什么特色的"媒体"才更适合这种经营模式？

这是下一个赢家应该思考的问题。

## 颠覆形象：
## 柏青哥不是赌博，是娱乐

“都说现在就业难，为什么没有人应聘我们公司呢？”

大多数人都希望到大企业就职，因此很多中小企业在人才录用方面碰到了困难。但是有家赌博行业的企业虽然背负负面形象，却成功实现了自身的人才培养，那就是成立于1957年的日本柏青哥弹球赌博机企业丸韩公司（Maruhan）。丸韩公司在日本拥有260多个店面以及15,000多名职员，年销售额为1兆8600亿日元（约1161万亿元人民币），其社长位列2009年《福布斯》40个日本富豪中的第20名。

20世纪90年代，日本柏青哥行业招募员工大多采用兼职形式。招聘的员工主要工作是监控顾客，因此职员们没有多大的职业意识和专业性，甚至经常惹起事端。比如，前一天雇用的职员干得好好的第二天突然就消失了，职员和顾客串通操纵结果等事件也屡次发生。

但是，丸韩公司具有长远眼光，他们认为企业也应该培养具备服务意识的人才，所以从1992年开始，他们放弃招聘兼职人员，开始从大学毕业生中招聘员工，但是第一年应聘者仅有4人。

苦于人才招聘难的丸韩之后决定首先改变人们的观念，他们给大众输入“柏青哥并不是赌博，而是一种娱乐”的概念。首先，该公司召开了面向大学生的柏青哥大会。“欢迎对柏青哥感兴趣的同学参加本次大会，大会将给获胜者提供丰厚的奖品”，这次柏青哥大会共有60多名学生参加。

之后，丸韩面向大会获胜人员召开了公司说明会，那一年共有14名新职员加入公司。公司还会视新职员的能力提供优厚的待遇，这使这些职员平均工作年限超过了4年。现在，包括东京大学毕业生在内的400名大学毕业生以5比1的淘汰率进入了公司。

此外，“丸韩价值观”已成为其人才培养的基础。1995年丸韩公司处于快速成长的阶段，虽然销售额不断增长，但职员们还不知道为什么要有“丸韩价值观”，该怎么行动。在这种情况下，该企业确立了“给顾客提供服务的同时，致力于为造就有幸福感的社会贡献一己之力”的企业文化主题。

丸韩公司在1年内连续对60多个店铺讨论“本质上，‘丸韩价值观’是什么”，通过不断探讨确立了“丸韩价值观”。为了让“丸韩价值观”无时无刻都体现在工作中，该公司还制定了严格

XX休闲娱乐会所
pachinko!
pachinko!

的制度。其员工把向顾客提供服务时发生的有趣又有教育意义的故事制作成了DVD，与同事们共享。丸韩公司为职员们做的努力最后变成了“以顾客为中心的企业文化”和“服务性企业”的竞争力。

丸韩公司通过“柏青哥并不是赌博，而是一种娱乐”，重新定义了企业形象，消除了赌博公司的负面形象，将自身定性为娱乐公司。他们通过改革，把年轻人不愿意应聘的企业变成了优秀人才争相进入的企业。这就是丸韩的秘诀。

### 更多信息分享

丸韩股份有限公司，简称丸韩股份，1972年由韩籍日本商人韩昌祐创立，其业务除了在日本经营弹珠机外，还经营保龄球、高尔夫练习场、游乐园、电影院、金融，以及其他各种娱乐休闲设施。2006年，丸韩计划在东京证券交易所上市，但由于受到监管严苛限制，加上牵涉博彩，以及难以避免地与组织犯罪（也就是黑社会）扯上关系之嫌，已被否决申请上市。它在冲绳县、德岛县、鸟取县、岛根县等有266家店铺。旗下金融公司包括在柬埔寨经营的丸韩日本银行。

2011年，该公司在美国《财富》杂志世界500强排名为407位。

## 彻底重建：
## 本地化占领中国大陆市场

在中国，具有代表性的快餐店是麦当劳吗？和其他国家相比，中国的情况有所不同，麦当劳在全世界拥有3万多个店面，但在中国，麦当劳远远落后于肯德基。

目前，肯德基在中国是最受欢迎的快餐店，其店面是麦当劳的两倍多，每年每个店面平均销售额约9358万元人民币。肯德基在中国成功的秘诀是什么呢？答案是对中国的彻底了解。

中国面向全世界打开商业之门已有30多年，其间有无数全球性企业进入中国市场，这些企业受到的关注度也越来越高。但是抱有中国梦的企业中失败的例子也很多，他们大多数是因为没有正确理解中国。

但是肯德基不同，首先，他们没有“炫耀”美国国籍。经过鸦片战争，被西方列国侵略了主权的中国人对西方人有着复杂的感情。一方面，他们憧憬西方文化，但是另一方面，他们对中华文化有着民族自豪感。

肯德基了解到中国人情感的这种双面性，在一开始就放弃了美国标签，他们通过雇用中国人担任管理层等方法构筑了美国企业中国化的形象。

不仅如此，肯德基连最细节的部分都没有忽视，将“公司”称号改为“发展部”，消除了“外国企业”的形象。

其次，肯德基还致力于开发适合中国人的项目。为此，他们在上海设置了“试验厨房”研发中心，专门观察中国人的口味，然后据此设计相应的菜单。例如，了解到地区不同，中国人的早餐习惯也有所不同，于是他们在每个地区推出了不同的早餐菜单。在北京提供油条，在上海提供早餐粥，在广州则提供奶茶。

肯德基的原材料供应也都是在中国国内完成的。连锁店经营的本质是所有店面提供相同的原材料和生产过程，通过规模经济节约成本。但是肯德基打破了这一传统模式，他们从一开始就不惜花费更多的费用，努力在中国国内寻找供应商。通过这种方式，肯德基向中国人树立了不只赚取利润，还帮助中国获得商机的良好企业形象。

肯德基的供货商成为富豪的消息刊登在报纸上，引起了很多中国人的关注。现在，肯德基在中国已有500多个供货商，其90%以上的原材料都在中国国内采购。

中国的市场还有很多可能性和潜力。很多国外企业都看到了中国的巨大市场。大多数企业都想进入中国，但要想进入中国，必须实现本地化，即中国化，但这对大多数外国企业而言，实行起来没有那么简单。只有像肯德基一样，放弃美国身份和特色，彻底理解中国，才能在中国市场获得成功。

韩国的服装企业EXR也一样。梦想打造成为全球性服装公司的EXR占领了中国1%的高端顾客。通过彻底的当地化，EXR的设计、尺寸、营销方式等都迎合了中国消费者的口味。比如，北京奥运会时，他们推出的观众穿的红色服装和印有盘龙的服装，就在中国引起了巨大反响。

以会员制营业网著称的安利，为了尊重只有正式职员才能进行销售活动的中国法律，在世界范围内首次也是唯一一次放弃了会员制，采用了正式职员制，也就是改变了公司固有的商业模式。结果，安利在中国实现了世界范围内首屈一指的销售额。

## 回收垃圾：
### 销售二手手机，4年成长18倍

每个人购买一部手机大概能使用多长时间？据调查，美国消费者最短6个月、长则一年半就会购买新手机。所以在美国每年可销售1.5亿部新手机，那么人们用过的二手手机该怎么处理呢？大约9亿部功能俱全的手机被搁置在书桌、抽屉里或是被丢弃到垃圾桶里，这种浪费同时引起了环境污染问题。

"不用的手机，丢了可惜，有没有地方回收二手手机呢？"有家企业正是了解了消费者的这种需求，通过解决这个问题得到了快速成长，这就是2004年成立的美国Flipswap公司。

Flipswap回收二手手机后经过修理改装，大约98%销往中国、南美或南非地区。2005年到2008年间，这家企业的收益增长了1840%，2009年的收益突破了1230万美元（约7529万元人民币）。

Flipswap利用二手手机获得巨大成功的秘诀正是“再利用也是竞争力”。

Flipswap受到欢迎的最大秘诀是交易过程的简单化。消费者只需在Flipswap网站上输入要出手的手机型号，就可以在网站上了解到此部手机的二手交易价格。如果消费者满意该价格就可以输入联系方式，将手机快递给Flipswap，快递费用由Flipswap承担。2~3周后消费者可收到二手手机的出售价款，或是以消费者的名义捐助到慈善机构的证明单。

价格也是Flipswap强大的竞争力之一。Flipswap通常会以高价格收购二手手机，那么他们是怎么获取利润的呢？原来他们通过自主开发的系统可查到世界二手手机的交易情况，然后他们会将该型号手机销往此类手机售价最高的国外地区。

加强和优化线上和线下合作也是Flipswap的经营秘诀之一。Flipswap不仅通过网络与消费者直接交易，同时还通过与地面店的合作收购二手手机。大约有6000多个手机销售店和Flipswap结成了合作关系。合作销售店收到二手手机后，根据Flipswap提供的系统确定回收价格，而这一价格可转换成消费者购买新手机的返点。之后销售店会将手机交给Flipswap，并获得相应点数的金额。消费者通过这种以旧抵钱买新的方式可以以更低的价格购买新手机，所以愿意到与Filpswap合作的销售店购买手机，这样一来，销售店的销售业绩也提高了20%左右。

绿色商业时代，Flipswap通过奇特的想法将垃圾转换成了金矿，也就是给垃圾赋予了竞争力，是一种既能保护环境又能满足消费者需求的改革性方法。

# 异域移植：
## 创意也可以入股公司

股票市场毫无疑问在未来将继续存在下去。在股票市场，只要是有前景的公司都可以上市，无论是谁都可以投资给有发展前景的公司。因此，股票市场不断向有前景的公司输入资金，使其保持活力。有家企业将股票市场的这种经营理念导入公司内部的管理后，大获成功，这就是位于美国弗吉尼亚州的软件开发公司Rite Solutions。

2000年，吉姆·拉瓦尔和乔·马里诺创立了Rite Solutions，主要为美国海军开发其使用的80%的软件。成立10年后，Rite Solutions成长为拥有200多名职员、年收益3000万美元（约1.84亿元人民币）的企业。这家企业能够实现这样的飞速成长，最关键的是它引入了员工创意股份市场。

Rite Solutions的“Mutual Fun”（共享快乐）以Web为基础运

营，只要是有创意的员工，不管是谁，都可以制作企划方案，发行每股10美元（约61元人民币）的股票，这和股票市场的上市企业一样。从企划方案的构思到上市，上司不会做任何干预，一切都以员工的想法为主。

所有的职员都可以获得1万美元的创意资金。创意上市后，他们还需要制作“第二阶段短期计划方案”，也就是招募同事一起执行上市创意，参与的人越多，创意实现的可能性就越大。

公司内的职员可以将这笔钱投资给自己认为“还不错”的创意点子，同时可以自由发表改善创意的意见。通过这种方式，创意得到完善，便可以继续推进。这样，好创意就可以筹到更多资金，股价也会随之升高。如果某个创意的股价持续保持在前两名，那么企业经营者就会组织投资，也就是个人的点子得到了公司的投资。同时公司会对提出该创意点子的职员和参与人员给予一定的奖励。

为创意点子提出意见使其更加完善的职员的功劳也会反映到绩效中。Rite Solutions导入创意股份市场后，开发出的创意多达44个。这些创意反映到当年的Rite Solutions的新商品上，占据其销售额的50%。

Date!

创意方法 6

# 和未知的世界的对接

传统与网络：社交商务网站上没有卖不出去的商品

从里到外：裸装红酒的大卖

跨领域：年销售额500亿的巧克力企业转向另一个竞争市场

大公司的专属物：年销售额13亿美元的软件商

从理性到感性：占领世界广告市场的并购高手阳狮集团

另一个时空：30年后，人们怎么工作?

战略的中心轴：通用电气屹立百年不倒的密码

## 传统与网络：
## 社交商务网站上没有卖不出去的商品

社交商务是最近两年非常盛行的商业模式。在这种模式下，企业每天会选定一种商品，其购买人数达到一定数量后，企业就会承诺半价出售商品。现在，越来越多的企业开始利用这种模式销售商品。这种社交商务销售模式自2010年传到韩国后，在短短2年内，这个市场就达到了1兆韩元（约55亿元人民币）的销售规模，和最初推广时的20亿韩元相比，整个市场实现了50000%的成长。在这个模式中，社交商务网站就是连接消费者和制造商的网络中介。但也有制造公司直接利用社交商务网站进行销售的情况，那就是法国的家具企业myfab。

2008年，以4名职员起步的myfab已成长为打入德国、美国、中国的全球性企业。myfab和其他家具企业一样，自己雇用设计师，自主设计各种产品，但在生产和销售方式上，myfab独树一帜，与其他企业完全不一样。

myfab会在每种设计方案上标出预计价格，并每周更新到myfab网站上。消费者登录网站后，即可获得产品的详细介绍、投票截止日期、产品制作场所、配送时间等信息。消费者比较各种方案后，给喜欢的设计方案投票，只有得票数超过一定数量，方案才能变成实际的产品进行销售。

在家具行业早已存在“先预订后生产”的方式，但是个别预订，成本会非常昂贵，因此没有得到普及。于是，myfab尝试了“与众不同”的先预订后生产的方式，解决了家具行业苦恼已久的问题，同时减少了销售价格中比重最大的流通成本、仓储费用以及在库管理费用，为降低产品售价创造了有利的条件。

通过这种方式，myfab的消费者可以用比市场价低40%～80%的价格购买到满意的家具。另外，社交商务网站的特点是选择的人数越多价格越低，所以网站具有鼓励消费者将新商品推荐给亲人朋友的功能。顾客只需要点击商品介绍网页下端的“推荐给朋友”按钮，就可通过Facebook、推特、邮件等多种方式把相关设计的家具推荐给亲朋好友。通过社交服务，myfab一石二鸟，提高销售额的同时也为自己的产品做了很好的宣传。

但是，这种先预订后生产的销售方式有个缺点，就是消费者从投票到收到产品需要2～3个月的时间。但在这段时间内，消费者通过myfab网页可以了解动态投票现状以及生产和配送情况，另外，“以半价购买心仪的家具”的优点非常诱惑消费者。这就是myfab创立两年内网页访问人数超过100万的原因。

一般情况下，大多数人认为商业产品改革需要很多努力和费用，是专家才能做到的事。那么，确实是这样吗？

亚马逊、任天堂等企业革新其产品都是以小的想法作为转换点，之后开发出了大创意。“试试在网络上销售任何可以销售的东西”“把不喜欢游戏的成人转变成消费者”等想法都是企业好创意产生的起点。myfab在先预订后生产的前提下，利用当下流行的社交商务网站的想法就是其成功的出发点。

经营领域5大权威之一的加里·哈梅尔教授认为，真正的改革不是固执地维持目前的产品，而是打破固有的思维模式。

类似的成功例子还有很多，例如，英特飞在传统地毯的基础上，利用其技术上的优势，创建了一种使地毯图案立体化，并可以自由变化其高度和质地的效果，使设计更具灵活性。再如，销售净水器的韩国企业熊津豪威，对传统一次性销售方式进行变通，改为租赁销售方式。

消费者每购买一款鞋子，相同款式的鞋子就会被捐助给非洲或亚洲没有鞋子的儿童，采用这种独特销售模式的Tams鞋使用的也是相同的方法。所以请关注在地毯、家电产品、鞋子等传统行业成功的企业的思维转换方式吧。

## 从里到外：
### 裸装红酒的大卖

通常一提到红酒，人们就会联想到“优雅”一词，但英国的Wine Innovation开发的Tulip就与优雅相去甚远。但此款速食红酒一经推出，即获得了空前的成功。

我们都知道，在野外或公共场所，喝红酒是非常烦琐的事情——红酒瓶又重又大还易碎，而且需要准备启瓶器，所以人们无法在室外享受红酒，然而Tulip解决了这个问题。

Tulip的开发者詹姆斯·纳什于2009年创立了Wine Innovation，其店面在伦敦郊外的雷恩斯公园（Raynes Park）。Tulip一面市就受到了消费者的欢迎，而且通过口口相传，Tulip很快就走进了大型超市，还出口到了欧洲、澳大利亚等地区，成了人气商品。2010年，Wine Innovation成立的第二年，其销售额就比第一年上升了28倍，实现了野蛮式疯长。

Wine Innovation俘获这么多消费者的秘诀是什么？

我们分析一下它的背景。英国人非常喜欢酒，他们文化生活支出中的三分之一都用在了酒类消费上，你甚至在英国的公园或大街上，随便就能看到三五个人聚在一起喝啤酒。但是红酒为什么不能像啤酒一样在大街上喝呢？从这个问题出发，詹姆斯·纳什推出了用锡箔纸制作的封闭塑料杯红酒，这样的设计使红酒就像酸奶一样，只要揭开锡箔纸就可以喝，这是一种新概念红酒。

其次，Tulip成功的秘诀还在数字上。Tulip的价格是每杯2.25镑（约22元人民币），与购买整瓶红酒相比，其单位价格高一些。但消费者"只喝一杯"即能获得心理上的满足，而且这还符合他们在经济萧条期想要减少支出的消费心理。

Tulip的容量也有秘密。一瓶烧酒的容量是7杯，不管是2个人喝还是3个人喝，怎么都少一杯，所以通常人们还需要点第二瓶。Tulip一杯的容量则是187.5毫升，比一般的一杯红酒少一些，正好可以刺激消费者还想再来一杯的诉求。稍少一些的容量带来第二杯的购买，没有购买第二杯的消费者则可以得到节约的心理满足感。

Tulip还与希望便捷地给消费者提供优雅的红酒的企业成了合作伙伴。很多消费者希望在飞机上、宾馆、演唱会现场饮用红酒，但是商家为了减少麻烦就直接从菜单上把红酒给取消了，或者他们即使有红酒也建议用塑料杯喝。Tulip出现后，物流、宾馆、大型活动企划公司和顾客都如获至宝。2010年在上座人数为1.9万名的洛德·斯蒂沃特演唱会上，Tulip共销售了1.4万杯。

更有趣的是Tulip在推出之前，在电视节目上遭到了批评。英国的Dragon's Den（龙穴）是一档电视节目，其内容是参加人员介绍自己的创业点子，被称为“Dragon”（龙）的投资人作为评委和投资人评价参加人员的创业点子后决定自己投资与否，参加人员根据结果可获得投资或相应的公司股份。

詹姆斯·纳什发表Tulip创意时，所有的Dragon都认为这是个非常差劲的创意，原因是红酒必须在非常有气氛的西餐厅饮用，所以不会有人购买Tulip。但是詹姆斯·纳什没有放弃，因为他对自己的创意非常自信心。

## 跨领域：
## 年销售额500亿的巧克力企业转向另一个竞争市场

美国经济专刊《福布斯》曾以尊敬、感激、信赖为标准选出了“最有威望企业”。那第一名是哪家企业呢？大家预想应该是美国通用电气或谷歌等世界级企业，但结果是制作巧克力的意大利企业费列罗公司。我们都知道这家企业主要销售的是用金色纸包装的巧克力。

1940年由意大利小乡村的饼干店起步的费列罗，目前拥有2.17万多名职员，年销售额突破10兆韩元（约551亿元人民币）。在情人节、高考、各种纪念日等巧克力用处多多的韩国，费列罗的人气非常高。比如，独家进口销售此款巧克力的每日乳业在2008年9月至2009年2月的短短6个月内创造了450亿韩元（约2.48元亿人民币）的销售额。

费列罗是怎么做到只通过巧克力就成为世界性企业的呢?

其第一个成功战略是，避开巧克力市场的竞争而将眼光投向别处，也就是瞄准了巧克力市场以外的其他市场。其代表性产品就是将费列罗推向全世界的能多益（Nutella），这是第一款抹在面包上的巧克力酱，这款商品在酱市场上占据巨大份额。

此外，费列罗巧克力还瞄准了礼物市场，在圆形、心形、长方形盒子里装上3～42个巧克力销售。每个平均不到3元人民币的费列罗巧克力如果是自己买来吃的话稍微贵一些，但是包装成礼物后，相比较而言其价格还不算太高。

费列罗的第二个成功战略是，它自始至终提供最好的巧克力的匠人精神。为了确保产品的完美品质，费列罗自主培育核心材料榛子。此外，除非是开发了完美的改革性产品，该公司不会推出新商品。其第一款产品能多益面市20年后，该公司才又推出新产品，直到这款新产品取得成功20年后才推出费列罗巧克力。但是这样面市的商品都是划时代的商品，是畅销至今的常销产品。而且为了保持商品的新鲜度，费列罗只生产市场实际需求的数量，在韩国，该公司的产品保质期是3个月，3个月内没有销售完的，该公司都会回收。

发现新市场的敏锐眼光、对原材料等各个环节的品质的完善化管理、关注完美改革、比起销售量更重视新鲜度的匠人精神，这就是世界级企业费列罗的秘诀。

“床不只是家具”，这是一家家具公司提出的知名广告口号，像这家企业一样瞄准其他领域获得成功的例子还有不少。比如把小丑剧升华为音乐剧的太阳剧团、将机器人定义为宠物犬而不是机器的索尼Tibot、把衣服当作速食品用一次性原材料制作的时尚企业、把鞋子变成医疗用矫正器的MBT等。

在当前市场竞争中遇到瓶颈时，转换竞争领域，实现跨领域经营也是创意的一个绝佳来源。

**更多信息分享**

MBT是瑞士马赛族裸足科技公司（Masai Barefoot Technology）于1996年开发并上市的一种功能鞋。该鞋采用类似船形的弧线鞋底使穿的人在站立和行走过程中产生一种天然的不稳定感，从而激发人体自身的平衡调节机制，调动全身肌肉和骨骼参与到平衡调节中去，最终达到锻炼人体肌肉、脊椎、关节等方面的作用。由于MBT的外形较为特别，许多人都称之为“摇摇鞋”或“摇摆鞋”，更有甚者，直接称呼MBT鞋为“丑鞋”，事实上MBT鞋称为健身鞋或健康鞋更为贴切。

## 大公司的专属物：
### 年销售额13亿美元的软件商

“顾客的资料越来越多，是不是可以科学地管理一下呢？”随着顾客信息的不断积累，企业都在苦恼如何将越来越多的顾客信息进行系统管理，帮助企业实施差别化营销。

顾客管理系统（CRM）就是为了解决这个问题诞生的。此系统会根据不同顾客的特性，帮助企业有效展开营销工作，同时还能整合、管理分散在每个营业员手中的顾客信息。

但是，对于中小企业来说，引进顾客管理系统却不是简单的事情。先不考虑服务器、硬盘，单是购买软件也是一笔不小的支出，而且还需要增加相关人员费用。

有家企业正好帮助中小企业解决了这种苦恼，使得企业本身得到不断成长，那就是网络CRM服务企业salesforce.com。1999年马克·贝尼奥夫在洛杉矶的一个小公寓里创立了这家公司，如今它已是拥有63,200多位顾客，为各种中小企业以及美国的NASA（美国国家航空航天局）、DELL（戴尔）等大机构和大企业提供服务的大型企业。2008年，其销售额与2007年相比增加了44%，达到了10.8亿美元（约66亿元人民币）， 2010年更是突破了13.5亿美元（约83亿元人民币）。在无数的CRM企业中唯独这家企业获得了成功，那它的秘诀是什么？

第一，他们把当前需要购买昂贵的软件才能使用的CRM主要功能转移到了Web上，通过这种方法该公司有效降低了中小企业引进CRM系统的价格。Web的功能特性可以使用户非常简单地增加或减少CRM服务的使用者数量，因此中小企业的规模不论大小都可以不受影响，都可以以合理的价格使用此系统。

第二，改变说服中小企业顾客的方法，不是单一地罗列产品的各种功能，而是告诉顾客引进CRM可以提高多少工作效率，这正好解决了为人力和管理成本而苦恼的中小企业的难题。

第三，根据消费者的需求可变更设计，这和其他竞争对手提供制式产品的方式相比，实现了差异化。由此每个企业都可以根据自身的情况设计使用方式。结果获得了最反对系统导入的营业员们的支持。营业员积极使用CRM系统，改善了业务量。

目前，戴尔、西门子、高通等利用salesforce.com服务有效管理顾客信息，二次包装机器领域的领头羊皮尔逊包装系统也利用salesforce.com改善了订单及售后服务，比之前缩短了近1个小时。

salesforce.com把通常认为只有大企业才能操作的CRM服务转移到网络上，将消费群体扩大到了中小企业，他们利用Web的优点有效降低了价格，开拓了中小企业这个未开发的领域。

因价格、规模或是认识不足认为某个领域是大企业专属的市场，那么试一试用这个思路挑战一下如何？

## 从理性到感性：
## 占领世界广告市场的并购高手阳狮集团

M&A[①]一般被比喻成攻城掠地的企业战略。法国的全球性广告公司阳狮集团在过去10年里通过60多次企业并购占领了全球广告市场，是名副其实的攻城掠地高手。该公司成立于1926年，目前有5个子公司，并在全球86个国家有100多个代表处。2011年，该公司的营业额高达7.07兆韩元（约389亿元人民币）。

20世纪90年代，只在欧洲开展业务的阳狮集团能将业务扩展到全世界范围的重要原因是其CEO莫里斯·利维采取了独特的企业并购战略。

企业并购一般在开始时的尝试阶段会非常困难，即使在尝试并购阶段获得了成功，最后也十有八九会以失败告终。对于这种风

① Mergers and Acquisitions，即企业并购，包括兼并和收购两层含义。

险性很高的事情，阳狮集团却每次都能获得成功，那么其秘诀是什么呢？

答案是，利维长于利用“感性接触”。这是前不久访问韩国的谈判专家、美国宾夕法尼亚大学经营与管理学院的斯图尔特·戴蒙德教授强调的。阳狮集团能够成功收购比其规模更大的萨奇广告（Saatchi & Saatchi）公司就得益于这种方法。

刚开始收购的时候，利维约萨奇广告公司的CEO凯宾共进早餐，两人在长达4小时的就餐时间里只聊了各自的小时候、家人、过往的职业经历等私人话题，对企业品牌或并购只字未提。

早餐结束后，凯宾感觉阳狮集团就像家人，希望能与之共度未来。此后，利维对上奇广告公司的M&A发展非常顺利，距第一次早餐一个月后所有的并购程序就都走完了。利维在这次并购中获得成功是因为他抓住了对方的心，而不是通过财务数据或是经济理论征服对方的。只要双方做到互相理解，复杂的数据、严谨的数字、讨价还价的争执都不会成为问题，这就是阳狮集团并购战略的核心。

所有的事情都要善终，企业并购成功以后怎么做甚至更重要，水和油不能融合，把被收购的企业勉强塞给收购方最终还是会以失败告终。所以阳狮集团的口号之一是“包容差异”。

利维并不参与收购企业的运营，他绝对尊重企业当前的文化和业务、职员以及特色。如果辞退员工，扰乱原有的企业组织结构，被收购企业的价值就不能维持下去。利维认为大部分企业并购失败的原因是收购方就像占领军一样，管理被收购企业的一切，才导致不良结果的。

大部分企业并购是人与资料、战略和数据之间的战争。但是企业并购毕竟是人操作的，所以我们是不是应该借鉴阳狮集团带着真诚的心与对方接触的感性并购策略呢？解决人的问题最终还是优先于解决一切数字问题的。

## 另一个时空：
## 30年后，人们怎么工作？

随着创意经营、慢生活等新概念的产生，我们周围变化最大的莫过于办公室环境。单一的灰色办公室脱胎换骨，变成了承载各种个性的梦幻空间。有研究结果表明，工作环境会影响业绩。很多企业苦恼于不知道怎么通过改变办公环境提高业务效率。有家企业帮助全球8万多家企业解决了这种苦恼，这就是为企业创造全新工作空间的Steelcase。

1912年，彼得·马丁创立了这家企业。正如初期公司的名称“金属办公家具”（Metal Office Furniture）一样，这家企业因在家具中使用铁质素材而受到关注。就当时而言，家具一般只使用木材，因此Steelcase的产品被评为划时代的商品。这家公司创立之初只有15名员工，之后其业务范围从家具制作扩展到了办公环境咨询服务。截止到2011年，该公司在世界各地拥有1万多名职员，销售额达到24亿美元（约147亿元人民币）。在英国，这家百年企业正与赫曼米勒激烈地竞争着办公家具业的头把交椅。

Steelcase的产品总是能开创业界先河，成为领潮者。最具代表性的就是目前被办公室普遍使用的“系统办公家具”主题产品。Steelcase首次制作的系统办公家具是在充分考虑每个企业的工作类型、职员的活动路线的基础上设计的。其中，可根据需要随意改变办公室家具摆设的滑轮装置就是这家公司在20世纪90年代初首次推出的。

Steelcase创造新产品的原动力是什么？答案是，他们首先考虑的因素是使用产品的人。有一次，波音公司[①] 向Steelcase咨询波音737喷气式飞机的座椅制作环境。波音公司原本以为只是改变一下座椅周边的格局就行了，但是Steelcase的工作效果超乎波音公司的想象。他们通过改变座椅的摆设，将制作一架飞机所需的22天缩短了11天，并且还增加了40%的可利用空间，那么，这是怎么做到的呢？

首先，Steelcase在制作产品之前，到现场和飞机上的工作人员一起生活了一段时间。就在其他竞争企业人员坐在办公室书桌前为如何创新产品苦思冥想时，Steelcase采用直接和产品使用者接触的方法，打破了一筹莫展的工作局面。他们近距离接触工作人

---

① 波音公司是全球航空航天业的领袖公司，也是世界上最大的民用和军用飞机制造商。

员，观察其怎么工作，关注并改善连工作人员自己都注意不到的不便之处。根据飞机工作人员的活动线路改变座椅摆设，体现了只要空间设计合理，就可以提高工作效率的道理。

为了制作个性产品，Steelcase还致力于材料的研究，它将90%以上的家具原材料换成了可再生环保材料，这样可以保证顾客不喜欢家具或家具出现问题时，这些材料还可以再次使用。

2012年，家具领域巨头企业Steelcase迎来了创立100周年纪念，他们不断考虑30年后不可预知的未来，并进行着长远的规划。30年后的工人是怎么工作的？30年后的办公室会是什么样的？30年后的家具会使用什么材料？这就是Steelcase100年来屹立于家具界巅峰的秘诀。

贝尔金公司为了研究人们在家里使用笔记本电脑的习惯，让设计人员在家里待了一个月。其结果是开发了品种繁多的笔记本电脑装饰品，其中代表性产品是叫作CushTop的笔记本散热垫。在家里我们一般会坐在床上或沙发上使用笔记本电脑，但是笔记本电脑的散热问题使我们不能长时间将之放在腿上使用，贝尔金公司发现了这一点，研制出了CushTop。

LG电子公司为了设计适合中东地区人们使用的产品，让职员深入中东地区的家庭去了解他们的使用需求，结果设计出了屏幕上有能准确指示麦加方向的罗盘的手机。

## 战略的中心轴：
## 通用电气屹立百年不倒的密码

20世纪，随着世界经济中心向新兴国家转移，很多企业都争先恐后地去开拓新兴国家市场。在这个过程中，大多数企业照旧把在北美、欧洲使用过的陈旧的战略搬到新兴市场中运用。比如，他们利用发达国家的领先技术开发商品，或者直接把发达国家市场上的成功产品输入中国、印度等发展中国家，再根据当地的情况销售，这种战略一般将新兴国家的高收入群体作为市场目标。

但是有家企业完全摈弃了这种战略，并因此在前几年的经济危机中保持着10%的成长态势，这家企业就是拥有百年历史的超级企业——通用电气（GE，General Electric）。

在世界市场中心从发达国家向新兴国家转移的过程中， GE敏锐地察觉到了两个重要变化。那就是新兴国家对中低价产品的需

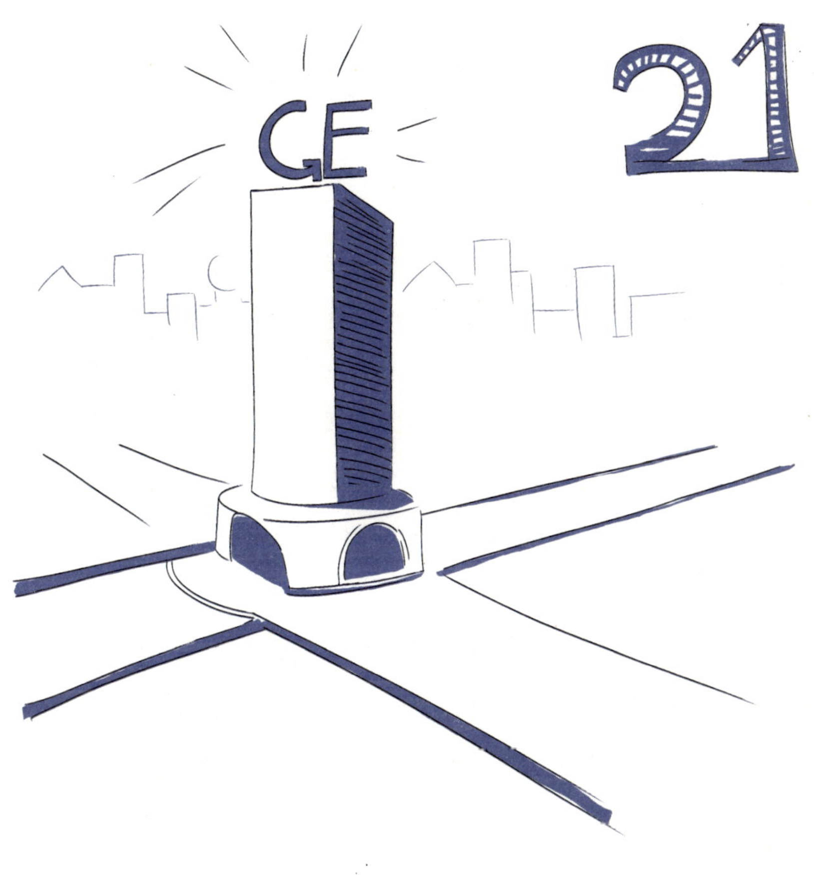
GE
21

求在增加，还有，随着新兴国家本土企业竞争力的不断增强，其产品在新兴国家市场上的占有率也越来越高。

所以，GE在把全球战略中心从发达国家转移到发展中国家的过程中，做了一个调整，就是把权利下放给发展中国家的分公司，从产品的开发到销售、营销，分公司都可以自主完成。结果GE不仅大获成功，还开发了在发达国家都无法开发出来的革新性产品。

其中，最具代表性的产品就是在印度开发的便携式心电监测仪。该产品是从60%的印度人都生活在没有医院的偏僻地区这一现状获得启发而发明的，这些地区供电普及率不高，人们的收入不高，以这一市场为目标开发的心电监测仪便于携带，价格低廉，非常受当地人欢迎。在美国也一样，在事故患者需要就地接受治疗，或在医院手术室里需要多个心电监测仪等情况下，这种便携式心电监测仪就可以派上用场。

该公司之所以能得到这一成果全仰赖于其组织结构的调整。在过去的30年里，和其他全球性企业一样，GE总公司掌握着重要权限。研发、营销等重要职能部门都集中于总公司，但是后来GE根据三个原则大规模改变了这种结构。第一，将权利下放给有成长可能性的子公司或下属机构；第二，在发展中国家销售的产品必须在发展中国家开发；第三，高层管理者必须支持以上两点。如今GE在中国和印度设置了10多个拥有上述权限和责任的机构。

很多企业都说“环境改变，战略改变”。但是大多数企业依然沿用“当前最安全的战略”。请记住，20世纪的恐龙GE到了21世纪还是超级企业的原因在于它能够果断而迅速地做出变化去适应不断变化的形势，而不是固守原有的成功模式。

Pick one!

创意方法 7

# 抓住最重要的一点

奢侈：世界级奢侈品生产商的独家策略

专用：极限运动人士专用耳机

限量：苹果专属限量版全球唯此一家售

极简：最畅销的不是最好的，而是最实用的

唯一：培养消费者只使用自己品牌的洁癖

## 奢侈：

## 世界级奢侈品生产商的独家策略

因赌博事件成为韩国社会热点话题的某演艺明星返回韩国时身上穿的价值百万韩元的奢侈服装又一次受到了人们的关注，这与他一直以来资金困难的传闻大不相符。看起来普普通通的夹棉外套价格高达200万~300万韩元（约1.10万~1.65万元人民币），成为众人话题的这一服装品牌就是蒙口。夹棉外套为什么如此昂贵？是因为和某个电视剧中的富二代穿的衣服一样？还是因为它是意大利匠人一针一针缝出来的？

是的，蒙口公司的夹棉外套确实是匠人们手工制作的。他们生产的夹棉服里的填塞物是羽毛。他们搜集到鸭或鹅类的羽毛后，先去除灰尘，再经过洗涤、杀菌、在100度以上的微波上烘干等多重工序，才完成填塞物的制作过程。

1952年，蒙口公司以制作睡袋和帐篷起步，1954年进入服装行业，生产了专给冬天在山上作业的工人穿的防寒服。这就是世界上最初的羽绒服。

但是蒙口成为奢侈品生产商也只是最近几年的事。2003年，意大利企业家雷莫·鲁菲尼收购蒙口品牌后为了寻求新的突破，与尼古拉·盖斯奇埃尔、渡边淳弥、芬迪、詹巴蒂斯塔·瓦利、桑姆·布朗尼等当今世界上最好的服装设计师一起推出了合作产品。改革后，2009年蒙口的销售额为2.2亿欧元（约17.86亿元人民币），是鲁菲尼收购该公司时的3350万欧元（约2.72亿元人民币）的6倍之多。

鲁菲尼是如何在接收企业7年后将蒙口品牌变成奢侈品品牌的呢？

答案是通过“选择和集中”。2003年鲁菲尼收购蒙口公司的时候该公司的商品结构非常复杂。除品牌性产品羽绒服外，它同时还销售裤子、衬衫、裙子、袜子等，品种繁多。鲁菲尼制订了果断放弃其他商品，只保留蒙口公司的核心产品夹棉外套的战略，即把企业的所有力量集中于奢侈品夹棉外套的生产。

集中战略不只局限于产品，还包括顾客层的选择。为了突出专属于奢侈品的特点，该公司在世界知名的时尚标志城市香港、东京、巴黎开办了只有知名人士才可以出入的高级会所。结果，蒙口公司生产的夹棉外套不仅价格昂贵，还成了不是谁都能拥有的奢侈品。设计也是一样，该公司与知名设计师合作开发的新款式更注重外形的时尚性，而不是其作为体育用品的功能性。

蒙口通过放弃一些商品，只关注畅销商品的方式获得了成功。主张为消费者提供所有需要的产品的美国网络销售商亚马逊最近也推出了“淘汰出局”战略。

在欧美比韩国更有名的密封容器生产企业乐扣乐扣也是一样，它的成功秘诀是将600多种复杂的产品结构压缩成只生产密封容器的单一产品线。

## 专用：
## 极限运动人士专用耳机

斯库卡迪成立于2003年，拥有105名职员，是位列索尼（SONY）之后的世界第二大耳机销售企业。那么，他们成功的秘诀是什么？答案是完全了解特定消费者的取向及需求，瞄准缝隙市场的渠道战略以及赞助营销战略。

该公司创始人里克·奥尔登20多年来一直从事于极限运动用品的生产。极限运动是人们冒着受伤的危险展现各种特技的休闲体育运动。滑雪、滑冰、冲浪等都是具有代表性的极限运动。里克通过观察，发现极限运动发烧友身上有一个共同点，那就是对音乐的狂热追求。很多极限运动玩家都喜欢把摇滚乐、重金属音乐、嘻哈音乐放到最大音量，配合享受极限运动。但是极限运动都有巨大的运动幅度，当前的耳机产品都非常容易滑落。

里克注意到这一点后，大胆结束了之前的事业，于2003年创办了耳机生产企业斯库卡迪。斯库卡迪推出了可粘贴在护目镜或头盔上的耳机，由于可以固定在护目镜或头盔上使用，所以即使在滑雪、滑冰的时候，耳机也不会滑落。

最近在原有功能的基础上，斯库卡迪增加了耳机的接听电话功能，结果非常受欢迎，于是他们马上又推出了多种颜色和设计。最初的耳机设计简单，没什么颜色变化，之后斯库卡迪推出了骷髅标志和以基本色为基础的强烈的视觉设计。这种独特的设计可以吸引性格热情、奔放的消费者。

斯库卡迪还打破了“耳机是电子产品”的传统常识。比如，该公司的第一个产品Skullcrusher并没有被摆放在电子产品柜台销售，而是被放在了极限运动卖场上。通过此举，斯库卡迪给消费者留下了“Skullcrusher耳机不是电子产品，而是极限运动产品”的印象。斯库卡迪的销售网络建成后，其耳机就成了体育用品专卖店的主要商品。

同时，斯库卡迪还实施了彻底抓住目标消费者的赞助营销策略。他们在赞助滑雪、滑冰等多种极限运动大赛的同时，还组建了极限运动队，用以培养知名选手。极限运动和其他体育项目一样，明星选手的大众影响力非常大。通过赞助极限运动比赛可以使消费者加深斯库卡迪是“专业玩家的产品”的认识。斯库卡迪走出美国进入欧洲市场的时候，也是通过赞助策略打出知名度的。

当一个产品的目标顾客是不特定的多数顾客时，该产品的经营就会陷入困境，每当这时，大多数企业为了吸引尽可能多的顾客只会展开模糊营销战略。结果只能生产定位模糊、不能满足顾客需要的产品。所以，通过牢牢抓住目标顾客层获得成功才是明智之举，一个非常知名的例子就是哈雷戴维森，该公司把“希望过不寻常周末的、经济上有富余的中年人士”作为目标顾客层，赞助了摩托车拉力赛。再比如，韩国服装品牌EXR为了吸引忠实顾客把汽车拉力赛当作媒介进行赞助营销，其营销手法也如出一辙。

没有一款产品是能满足所有顾客的，发掘产品的优点和特点，将其像锥子一样扎入特定顾客群，然后接近他们关心的事物，就能获得成功。

## 限量：
## 苹果专属限量版全球唯此一家售

智能手机用户剧增为手机相关行业带来了巨大商机，其中，智能手机装饰品企业就是最大受益者之一。据调查，在韩国，智能手机装饰品市场的规模已达到了2000亿~3000亿韩元（约11亿~17亿元人民币），不亚于一般的IT行业。市场上手机外壳的售价一般在5000韩元（约28元人民币）以上，最高也就是2万韩元（约110元人民币），但是有一种手机外壳的售价高达5万韩元（约275元人民币），是一般手机外壳的两倍多，也就是所谓的奢侈品外壳。但这种手机外壳入库不到1个小时就能售空。

这款如此畅销的智能手机外壳由Incase Design公司制作。1997年，埃里克·瓦尔斯特伦、鲍比·昌、谭乔、托尼四个人在美国创立了Incase，这家企业经过持续不断的发展，目前已与另一个装饰品企业贝尔金公司成为行业中的两个佼佼者。Incase Design的产品虽然在韩国知名度不高，但随着iPhone（苹果手机）和iPad 5（苹果公司第5代平板电脑）的面市，以及很多名人出境时频频携带此款产品，其知名度也越来越高了。Incase的全球用户只要看到产品的独创性设计就无法抑制“购买冲动”，那么，为什么人们会如此狂热地追求Incase呢？

答案就在合作上。Incase与世界上的知名设计师、艺术家、滑冰玩家、足球运动员、摄影作家等多领域专家合作开发了新产品。最具代表性的是“CSC”[①]足球运动包。虽然该款足球运动包的售价每个高达30多万韩元（约1652元人民币），但是2012年6月份在韩国上架只一个小时候，该款包就全部售空了。

CSC创立于2002年，是纽约各领域从业人士组织的私人足球俱乐部，与韩国早间的足球俱乐部性质相同，但是其参与人员都是各界精英，因此非常受关注。

Incase注意到CSC正在主导美国的时尚风潮，因此决定制作造型独特且适合喜欢足球的各领域人士的手机外壳，这种外壳可供高层人士套在自己青睐的iPhone、iPad上使用。Incase设计的产品符合各种职业、兴趣、爱好的消费者，让顾客爱不释手。但是Incase的成功不只是通过设计获得的，他们的另一个武器是让消费

① Chinatown Soccer Club（唐人街足球俱乐部）的缩写。

Limited

者只能选择Incase的营销战略。

Incase的战略叫做Laser-Target（激光靶）营销，它比利基市场[①]的范围更小，是完全脱离大众营销的方法。一般的企业为了尽可能拓展顾客层而努力，但是Incase偶尔生产限量版产品，仅限在某些特定的区域销售。

这种销售方式的代表性例子就是“仅限苹果用户使用”的产品，例如，为迎接2010年东方的虎年，Incase特别制作了老虎形状的手机外壳，只在北京的三里屯苹果专卖店限量销售。同样，他们生产的以上海的标志性建筑东方明珠塔为模型的手机外壳，也只在上海的旗舰店销售。Incase的这种销售模式使得一些狂热的消费者甚至不远万里坐飞机到当地购买限量版手机外壳，这种方式充分利用了狂热追随者的收集诉求和产品的稀缺性价值。

Incase的成功秘诀是让消费者变成公司的粉丝。演艺界或体育界的明星们拥有大量的粉丝才能保持人气，粉丝增加，他们的身价也会相应地提高。企业的情况也是相同的，关注企业产品的人越多，企业的发展就越好。因此，企业应该考虑怎样把消费者变

---

① 利基市场，又译作缝隙市场、壁龛市场、针尖市场。它指那些被市场中的统治者/有绝对优势的企业忽略的某些细分市场，企业选定一个很小的产品或服务领域，集中力量进入其中并成为领先者，从当地市场到全国再到全球，同时建立各种壁垒，逐渐形成持久的竞争优势。

成公司的“粉丝”，而不是把顾客当成单纯的消费者。顾客的需求多种多样，在这样的情况下，我们是否应该考虑一下，我们是要满足不特定的多数顾客而制作泛泛的产品，还是要针对少数追随者进行对接式生产或营销。

# 极简：

## 最畅销的不是最好的，而是最实用的

2007年7月1日凌晨，韩国蔚山市加油站有10多名十几岁的暴走族[①]青年过来加油，这些人加满油后未付钱就跑了。但是没过多久，他们就被警察抓住了。抓获犯人的功臣是设置在加油站里的IDIS CCTV[②]。

IDIS是 CCTV摄影产品市场中独占鳌头的韩国中小型企业，其产品用于美国宇航局、纽约地铁、上海浦东机场、欧洲之星[③]等世界重要建筑设施中。韩国的这个小企业战胜通用电气公司、松下、索尼、博世等全球知名企业成为行业第一的秘诀是什么？

---

① 暴走族，即飞车党。

② CCTV，即Closed Circuit Tetevision的缩写，闭路电视。

③ 欧洲之星，连接英国伦敦圣潘可拉斯车站与法国巴黎（北站）、里尔以及比利时布鲁塞尔（南站）的高速铁路服务。

毫无疑问，首先它具备突出的技术。但是在技术之外，IDIS真正的强项是“解读消费者真正需求的眼光”。

IDIS第一次参加海外博览会的时候，顾客无不为其卓越的技术而惊叹，但是那次博览会上客户虽然反应很强烈，但订单却很少。这是为什么？原因是IDIS只关注高性能产品的开发，而忘了“实际使用者是谁”。实际上，真正使用CCTV产品的消费者是保安公司的职员，他们其实更希望使用操作简单、使用方便的产品，而不是功能强大、操作复杂的产品。

IDIS从这个小小的失败中得到了教训，避开了大多数风险企业只重视技术的误区。了解到消费者的具体需求后，IDIS致力于开发简单方便的产品。此后，IDIS以每年30%的成长率迅速成长了起来。

IDIS还重视紧跟市场的动向，寻找机会。例如，他们观察到公交车内殴打司机的犯罪率在增加，就开发了车辆用产品，并申请了专利。学校暴力事件成为社会问题后，他们又开发了学校专用产品。

当竞争企业纷纷推出高性能产品、炫耀技术的时候，IDIS正确解读了消费者的需求，当竞争企业使用加法运算的时候，IDIS使用了减法。IDIS正是由于把消费者的心声正确地反映到了产品上，才取得了革新的成功。

相同的情况还有很多，比如取消产品复杂的功能，专注于开发大按键、大屏幕以及操作和功能都非常简单的专供老人使用的手机。此外，IDIS还设计了无视频播放和彩色画面功能，只提供舒适阅读界面的Kindle。

好的不一定就是对的，对的才是真正好的。找准市场需求，提供消费者真正需要的，才最能适应环境，实现生存。

## 唯一：
## 培养消费者只使用自己品牌的洁癖

“这里是尚桂洞，请问有使用罗技G1鼠标的网吧吗？”

“我在网吧用过罗技鼠标，但不知道哪里能买到。”

“我有罗技鼠标，可以带到网吧用吗？”

这是某网站论坛上会员们的求助问题，他们一定要用罗技鼠标的理由是什么呢？那就是为了玩网络游戏，其实游戏玩家们所说的获胜秘诀就是他们都拥有性能良好的鼠标和键盘。那么，真的有人为了在网络游戏中获胜，愿意花钱购买特别的鼠标和键盘吗？

答案是肯定的。网络游戏已不仅仅是孩子们的游戏，而是成人也可以享受的一种休闲活动。全世界游戏市场的规模约是130兆韩元（约7157亿元人民币），是电影市场的3倍之多，其成长率达每年7%以上，游戏产业正在迅速成长。在这样的领域，有家企业通过生产键盘和鼠标两种产品受到了游戏玩家们的狂热追捧，这就是罗技公司。

罗技公司是电脑配件生产企业中的元老级企业。1981年该公司成立之初，社会上别说是鼠标，连电脑都不多见。但是，其创始人丹尼尔·博雷认为把人类和电脑连接起来的鼠标在未来肯定会有重要作用，此后的30多年里，电脑相关产业的发展证实了这一判断的正确性。目前，罗技公司的年销售额为2兆多韩元（约110亿元人民币），是全球代表性电脑配件生产企业。

罗技的产品颜色朴实，设计简单，重量也不轻，一手拿起来觉得沉甸甸的，这与同行业的贝尔金、宜丽客等企业不断推出设计漂亮的产品非常不同。但是，罗技的产品可以让使用者感到舒适，因为这些产品都是从人体工程学的角度设计出来的，用过罗技的人被这种完美的设计所折服，就再也不使用其他的同类产品了。罗技产品在发布初期，在编程人员或网页设计师等电脑专业人员、办公室文员等常年使用电脑的人群中口口相传，积累了一定的知名度。后来，其适用人群扩大到了游戏玩家，因此得以在网络游戏市场迅速成长。

玩家们钟情于罗技鼠标的理由不仅是人体工程学上的舒适度。如果你看过玩家们玩游戏，就会知道他们的手一直在不停地动，在如此快速的操作中，罗技鼠标可以保证准确地随消费者的需求转动。连消费者都没有发现这个需求的时候，罗技提前一步推出了消费者真正希望得到的产品，对此消费者的反应是：“对了！就需要这样的功能。”

罗技的产品创造了很多业界第一。通过触感可了解游戏情况的震动鼠标，给一次使用多个键盘的玩家准备的多重设备，可连续使用数十个小时、不需要担心充电问题的自动充电式键盘，可以在被子等织物上操作游戏的鼠标等都是罗技公司首先开发出来的。

有些消费者非常关注鼠标和键盘，而不只是把它们当作电脑配件，罗技公司正是将这一部分消费者确定为目标群体，研究他们真正需要的鼠标和键盘功能。他们的研究结果只有一个，那就是致力于开发“卓越的功能”，并迅速提供给消费者。罗技公司制订营销战略或设计产品的时候也把功能作为中心点，即使其他竞争公司从感性营销的角度出发把各种设计作为营销重点，也还是要保证其功能的。

营销学原理教科书把产品的基本属性定义为“产品本身提供的便利性”。设计、A/S（售后服务）等应是属性中的周边属性。如果产品在推广上失败了，请反思一下是不是因为营销或设计的重点太过偏重产品的外在因素了。其实企业最应该重视的是产品的功能或品质等本质性因素。一定要记住“Back To Basics”（基本功能才是王道）。

Cut off!

## 创意方法 8

# 果断删除不需要的，减少妨碍因素

没兴趣：我们的健身中心只有塑造S曲线的器械

没需要：世界级酒店没有衣橱和西餐厅?

不舍本：60多年致力于打造一种品质

不必要：打折超市阿尔迪的高利润来自哪里?

不强迫：让顾客成为企业的粉丝

无泡沫：“裸包红酒”砍掉价格泡沫后，前景将会怎样?

不浪费：三星派千名职员到一个小企业学习什么?

## 没兴趣：
## 我们的健身中心只有塑造S曲线的器械

韩晓菲为了锻炼身体到健身中心报了名，进入训练场后，她吓了一跳："这是什么？运动器械没有几个，也没有淋浴设施！"这样的地方怎么可能是健身中心？

这个健身中心是在全世界84个国家拥有430万会员的曲线（Curves）健身中心。20多平方米的空间里摆放了10多个运动器械，没有淋浴设施，也没有个人物品保管柜。

曲线健身中心甚至没有健身中心最基本的设施，但是它在全世界经营着1.8万多个连锁店，被评为成长速度最快的连锁品牌，那么，其成功的秘诀是什么呢？

据《哈佛商业评论》调查显示，随着女性普遍走入社会，其购买力也在不断升高，再加上家庭消费决定权逐渐转移到女性身上，使得女性的消费市场在不断扩大，其市场份额从21世纪初的

30%扩大到了50%。

曲线健身中心创始人加里·海文的母亲在他13岁时就因肥胖去世了。母亲的离去给他带来了沉重的打击，从此他开始寻找可以把女性从肥胖中解救出来的方法，开始投身健身事业。

起初海文开办了游泳、SPA（水疗）、健身操等女性专用健身中心。但事实上，他的健身中心只有名称体现了女性专用，其他方面全部与一般的健身中心相同，各种项目和设施都是男女共用的，所以他的最初经营以失败告终。

第一次事业失败后，海文开始深入研究女性，结果他发现，女性到健身中心的主要目的是减肥，但是大多数女性认为运动太辛苦，所以大都半途而废，不能坚持到最后。另外，昂贵的俱乐部报名费和与男性在同一个空间运动也是她们心中的顾虑。

海文于是创办了可以满足“女性真正需求”的新概念女性专用健身中心——曲线健身中心。象征身体S形线条的曲线健身中心和其他健身中心都不一样。

我们先看一看曲线健身中心的战略。

当前的健身中心大多致力于给消费者提供最新的运动器械、配套设施、健身教练等多种服务。如果曲线健身中心采取和其他健身中心相同的战略的话，它只能提供更好的配套设施、更新的运动器械，才能吸引更多的顾客。但是曲线健身中心巧妙地绕开了这个竞争点，创造了只属于女性的空间这个全新形式的健身中心。

其实女性在健身中心需要注意的细节很多。比如，运动的时候被弄乱的着装，流汗的样子会是怎样的？而且一个人运动非常无聊。所以曲线健身中心以“运动要舒适而有趣”为特色。

曲线健身中心果断地放弃了女性用不到的运动器械，以女性会员专用制运营，创造了不用在意有男性在场感到不便、可以随意运动的场所。同时，曲线健身中心还打造了“30分钟循环运动”概念，10多个运动器械，每个都可以使用30分钟，这消除了顾客只能使用一个的无聊感。尤其是曲线健身中心以圆形摆放运动器械，可以使运动的女性看到彼此，形成交流空间。这是在其他健身中心所没有的。

曲线健身中心将目标顾客锁定为女性，放弃女性不感兴趣的，只提供女性感兴趣的。这表明放弃想当然需要而实际不需要的物件也可以成为改革的途径。

## 没需要：
## 世界级酒店没有衣橱和西餐厅?

世界性的经济危机致使超过70%的酒店发生赤字，因为经济萧条时首先遭殃的是酒店和旅行社。但不是所有的酒店都会陷入困境，有家酒店从2001年开始就以每年增加20多个分店的速度急速成长，那就是1986年成立的日本商务酒店东横INN（ToyokoINN）。

东横INN2010年的销售额达到了608亿日元（约38亿元人民币）。一般认为，一家酒店客房的年平均使用率能达到70%，其经营就算成功，而东横INN的客房年平均使用率居然达到了82%。

东横INN和曲线健身中心一样，对顾客进行严格分析后认识到了顾客真正需要的是什么，所以取消了其他不必要的服务。东横INN首先考虑了作为主要顾客的商务人士最需要的服务。然后确定了3个目标，即交通便利、价格低廉、舒适。

“忙碌一天的商务人士非常疲倦，如果让他们出了车站还要打车或者走很长时间的路才到酒店，那这些酒店不是真正为商务人士准备的酒店。”创始人西田宪正的这种想法直接反映到了东横INN的选址上，该酒店的连锁店大部分都位于大都市的主要车站附近。但大城市中心地段的地价非常昂贵，所以东横INN的222个连锁酒店都采用30年长期租赁的方式，有效降低了租赁费用。

这家酒店没有大部分酒店所具有的高级餐厅或宴会厅以及卖场，同时它还取消了门卫、客房服务人员、行李员等，减少了人力费用。因此它的住宿费比其他酒店低30%左右。酒店还设置了自动售货机，东横INN通过自动售货机销售肥皂、刮胡刀等生活必需品，其月收入为1300万日元（约81万元人民币）同时它在大厅设置了商务人士必需的电脑和打印机，打印机可免费使用，笔记本电脑可租凭，每个房间都可以连接无线网络。

创造如自家般舒适的环境也是东横INN成功的秘诀之一。其5600名酒店职员中只有20多名是男性，包括管理员等几乎都是女性，还有一些职员在入社前就是家庭主妇。东横INN“如自家般舒适”的目标从酒店提供的早餐便能看出来，这家酒店的早餐是饭团、酱汤等普通家庭的早餐。

东横INN的目标是到2022年在全世界开设1045个分店。现在在韩国，它已经拥有了东大门历史文化公园店和釜山店等6家，同时准备进入欧洲市场。东横INN的成功秘诀是“减法经营”，即果断取消不必要的服务。

在地球的另一端还有把减法经营当作革新途径大获成功的酒店，那就是德国的二星级酒店不莱梅酒店（Prizeotel）。自2009年2月开业以来，该酒店占据了德国酒店排行榜第一位，但其每天的住宿费只有59欧元（约479元人民币）。虽然不莱梅的价格是二星级酒店的水平，但其设施比顶级酒店还要精致。因此顾客的推荐率达到了97%，回头客也非常多，在欧洲它被誉为“设计酒店”，知名度非常高。

那么这家酒店是如何把“出众的设计”和“低廉的价格”这两种相互排斥的因素结合在一起的呢？答案是它大胆地取消了不必要的服务，将节省下来的费用投入到了顾客不敢奢求的设计上。

不莱梅酒店对于所谓“酒店必须具备的物品和服务”提出了疑问，大胆取消了不必要的服务。首先它考虑了是否每个客房都真正需要配备有线电话、小酒吧、TV收费频道、衣橱等，经过多方调查，它取消了客房的有线电话，因为现在每个人都有手机，基本上不会用客房内的有线电话，这一调整节省了终端费用和基础设施安装费用。之后酒店用节省下来的钱提供了免费的WiFi（无线网络）服务，深受智能手机用户的欢迎。

不莱梅酒店还取消了TV收费频道和小酒吧。入住二星级酒店的大多是资金不充足的顾客，所以对以上两种服务的使用率非常低。如此一来，顾客退房的时候就不用再为支付额外费用而在柜台旁等待，酒店也节省了人力费用。

最后取消的是衣橱。入住价格低廉的酒店的顾客一般行李比较少，不需要衣橱。取消衣橱后，不莱梅酒店在房间里设置了放置行李的椅子和衣架，提高了空间使用率。不莱梅酒店减少了这些不必要的服务，把资金和人力集中到了酒店的其他设置上。比如内置iPod播放器、适合客房整体设计的相框、平面TV、专门定做的彩色照明装饰等，为入住酒店的顾客提供了远远优越于59欧元二星级酒店的精致环境。

不莱梅酒店虽然只是个二星级酒店，但其精致的设计不亚于世界顶级的酒店。负责不莱梅酒店设计的是世界级设计师凯瑞姆·瑞席。他负责过世界400多个企业的装潢设计和产品设计，是非常知名的一流设计师，他还曾和LG电子、现代汽车集团、韩化集团等企业有过合作。

2010年，不莱梅酒店在建筑与室内设计领域获得了世界性设计大奖红点设计奖，从这一点就能知道这家酒店的设计品质。

越是竞争激烈的行业，产品或服务间的差异就越小，企业一般都主张“再加，再加”，试图通过增加竞争对手没有的服务来实现差异化。但是，领域内的标杆性企业却有所不同。他们更关注顾客的心理，找到竞争对手还未察觉的顾客诉求并满足这种诉求。他们认识到顾客需要的不是“多提供”而是“提供所需要的”，竞争对手正大张旗鼓地做加法时，他们通过减法就获得了改革的成功。

## 不舍本：
## 60多年致力于打造一种品质

几年前，知名演艺明星、希尔顿酒店继承人帕里斯·希尔顿因酒驾被拘留。那么，她为什么要酒驾呢？理由是为了买“进进出出”汉堡店（In-N-Out Burger）的汉堡。当时，希尔顿是该店竞争对手汉堡的代言人，所以她的举动更成为社会的热点话题。“进进出出”汉堡店竟能让希尔顿无视法律和竞争对手的约束，如此喜欢这家汉堡店的消费者应该不止她一个吧？

2010年8月，美国消费者权威杂志《消费者报告》（*Consumer Report*）面向2.8万名普通市民做了汉堡满意度调查。

结果怎么样呢？“进进出出”汉堡店在10分制中获得了7.9分，夺得第一名，相反，麦当劳以5.6分排在最后一位。“进进出出”汉堡成为美国消费者最满意汉堡的秘诀是什么呢？

答案是它注重口感、清洁、提供最好的服务等最基本的要

BURGER
买一送一
IN-N-OUT
BURGER

素。你是不是觉得这个回答太过表面了？但“进进出出”汉堡店为了实现这些固执地坚持了极简（Keep It Simple）原则。

另外，“进进出出”汉堡店设有秘密菜单，这些商品在普通菜单上无法找到，只有常客才知道，才可以购买到。秘密菜单上的商品种类不多，算是为常客提供的一种趣味调剂。“进进出出”汉堡店在商品的品质和口感上也注重与其他竞争对手进行差异化竞争。该汉堡店没有数十种品种，但每天早上10点30分到凌晨1点之间客人的订单不断。

该公司在60多年的发展过程中，规模也没有发生过太大变化，到目前为止，美国境内只有258个分店，而且大部分集中在西部地区，这与一些大型汉堡企业在美国拥有1万个以上分店的现状形成了鲜明对比。

这正是因为公司固执地坚持保证汉堡的口感。为了实施“给消费者提供最新鲜的食物”的经营理念，从1976年开始，该公司便自营肉食加工厂和物资配给公司。大型连锁快餐店大部分使用冷冻肉类和土豆，但是“进进出出”汉堡店每天向各个卖场供应的都是新鲜肉类。为了保持新鲜度，卖场500英里内都设有自营配给部门。

而且，“进进出出”汉堡店的服务精神也是行业内首屈一指的。1950年，该公司早已在一些地区提供了可直接送餐的汽车餐厅服务。1984年，“进进出出”汉堡店为了传承它的经营理念创立了“进进出出”学校，在这里培养传承“进进出出”汉堡店优良传统的人才，接受关于品质、服务精神等的多种教育。

“进进出出”学校不是谁都可以上的学校，只有“进进出出”汉堡店的全职工作人员才能获得进入这里接受教育的机会。这种努力使得“进进出出”汉堡店保持着业界最低的离职率，在这家企业里还有过从爷爷到孙子三代延续管理同一个分店的情况。

“进进出出”汉堡店准确把握了行业的本质，专注于发展其核心价值，果断放弃了无关紧要的服务，60多年间保持了企业产品品质的纯粹性。“进进出出”汉堡店的战略是通过减法获得改革成功的。

当下，大多数企业为了给消费者提供更多的服务，背负很多压力，其实企业应该反思一下，这种发展模式是否适合本企业，想清楚再实施也不迟。

## 不必要：
## 打折超市阿尔迪的高利润来自哪里？

在欧洲，以勤俭节约著称的德国人长久以来钟爱一个购物场所，那就是被称为硬折扣（Hard Discount）卖场代名词的阿尔迪（ALDI）。1976年创立于德国的阿尔迪售卖的商品比普通打折超市还要便宜15%～30%。

经过30多年的发展，2009年，阿尔迪的销售额突破了735亿美元（约4499亿元人民币）。你是不是想说只有销售额高有什么用？低价出售商品的话，公司的收益肯定会降低？然而这是个错误的观点。2009年，阿尔迪的收益率是4.9%，比沃尔玛还高，之后的5年内，阿尔迪在美国期待每年能实现10%以上的成长率。得益于此，阿尔迪的卡尔·阿尔布雷克特进入了2011年《福布斯》亿万富翁排行榜第12名。

阿尔迪如此受欢迎的理由大致有4个：

第一，销售与众不同的商品。在阿尔迪，你找不到可口可乐、喜力等知名品牌，即使同样成分的产品，阿尔迪也注重在商品标签或包装上做出差异化，做了销售PB（Private Brand，个人品牌）或PL（Private Label，个人标签）商品，以最低价提供优质产品。阿尔迪的销售方式也和其他超市不同。普通超市里的华夫饼8个一包，但在阿尔迪是10个一包，它通过增加包装产品数量的方式来降低产品单位重量的价格。

第二，保持最少的销售种类。沃尔玛销售的商品种类多达12万个以上，一般的大型打折超市也有3万个左右，但是阿尔迪销售的商品保持在1000~1500种。通过控制商品品种的方法，阿尔迪减少了在库管理成本，扩大了商品的流通性。因此，即使商品的利润率只有13%~14%，也可以产生收益，但是阿尔迪的这一利润率跟其他竞争对手相比，还是低了10%左右。

第三，全面保证商品的品质。在德国，国家每个月都会发布产品评估报告，供消费者参考。通过这个报告可以看出，阿尔迪销售的商品品质不落后于世界品牌P&G（宝洁）、联合利华等，而且报告发布后，他们会将卖场内品质达不到标准的本公司产品迅速撤掉，使消费者不再接触到不合格商品。

通过以上战略，阿尔迪成功地吸引了重视品质、不在乎品牌的聪明的消费者。从阿尔迪“对商品不满意无条件退货”的政策就能看出它对自己产品的绝对自信。

最近，随着主张合理消费的理性消费者不断增加，经济萧条期的消费者对价格更加敏感。实际上在德国2002～2003年经济危机期间，很多消费者就转向了打折超市，之后全球整体的经济形势出现了复苏迹象后，这部分消费者的购买习惯仍然没有改过来，所以阿尔迪的市场占有率还在不断上升。

阿尔迪在超低价打折超市市场中不断成长，其改革原理非常简单，即在消费两极化时代，根据消费者需求，采取价格竞争优势最大化战略，但是绝不降低商品的品质。

阿尔迪超低价战略消除了不必要的价格泡沫，给消费者以最低价格，是其进行减法改革的结果。果断放弃不需要的，坚守品质底线，阿尔迪这一经营方式颠覆了便宜没好货的理念。

## 不强迫：
## 让顾客成为企业的粉丝

2006年，环境激素成为社会性话题，这给生产密封容器的韩国企业乐扣乐扣带来了不小的冲击。“我们的产品根本没有环境激素。”该企业不管怎么解释，其销售额还是急剧下滑。就在这个生死存亡的危急时刻，发生了一件神奇的事情。家庭主妇们纷纷主动向周围的人大力宣传“这家企业的产品没有检测出环境激素”，这些家庭主妇都是乐扣乐扣公司的企业交流空间Lock & Lock Supporters的会员，该网站目前拥有16万名以上的会员，是韩国最大的非营利性女性交流空间。

其中还有热心的会员表示“错误的认识给企业带来了损害，为了让大家了解此事，我要示威”，这些会员的自发性行为引起了社会的关注。

对于Lock & Lock Supporters，不仅韩国企业，还有像美国家乐氏公司等大型的全球性企业都开始纷纷效仿这个交流空间的运作方法。那么，乐扣乐扣是怎么把顾客变成粉丝的呢？

第一，把顾客和会员区分开来。大部分企业都会把会员当成顾客，劝其购买商品或对其进行大肆宣传。但是乐扣乐扣强调它给会员提供的是沟通场所，从不在此做任何宣传活动。由于企业从来不做宣传，会员反而对公司的产品充满好奇，开始询问相关商品信息。会员们对给自己带来交流机会的企业及其产品产生了好奇心，好奇心自然而然地就会转变成了购买行为。

第二，网站被营造成了会员的娱乐场。Lock & Lock Supporters的网页由会员的个人博客组成。会员在博客上发表博文，和大家共享作为主妇、作为母亲的经验，互相给出建议。同时乐扣乐扣还设立环境保护、养老院公益服务等社会性论坛，组织料理交流和影视探班等主妇们感兴趣的活动，线上线下都为会员提供可以一起交流、分享的空间，引导会员自发地参加。

第三，尽量减少干预。Lock & Lock Supporters设有运营委员会，负责组织网站所有的交流活动，这个运营委员会由从会员中选拔出来的2人构成，任期是6个月。乐扣乐扣每个月给他们提供30万韩元（约1652元人民币）的活动经费和最新款手机以及手机话费，以保障交流空间的正常运营。

企业只通过交流空间管理人来了解Lock & Lock Supporters的运营情况，提供支援，对其他一切都不做过多干预。通过这种自发性的运营，会员不会感到“被企业利用”，因此更加喜欢这种交流方式。

所以，我们的企业何不尝试一下把顾客当成可以一起分担烦恼、一起分享快乐的伙伴，而不是产品销售的对象呢？乐扣乐扣正是基于这种想法才获得了16万名热情的粉丝。

## 无泡沫：
### “裸包红酒”砍掉价格泡沫后，前景将会怎样?

你知道红酒的价格中有多少是泡沫吗?

英国的调查结果显示，如果超市内红酒的标价为100英镑（约959元人民币），那么实际上生产红酒的成本只有30英镑（约288元人民币），其余的70英镑（约671元人民币）是包装费、物流费和在库管理费。大部分红酒都是进口商品，所以从生产商、进口商、批发商到零售商，经过一系列环节，其价格自然就会带有泡沫。因此消费者需要支付相当高的价格才能买到红酒，而生产商也不能获得高利润。

那么，让消费者和生产商面对面交易如何?

从苹果的卖场获得创业点子的英国人罗恩·戈姆利于2008年12月创建了NakedWines.com网站。这个网站以消除红酒的所有泡沫价格为宗旨，如其名“裸包红酒”一样是红酒的直接交易场所。

这里聚集了生产优质红酒但不擅长销售或营销的生产商和想以低价购买优质红酒的消费者。

这个交易场所的运营效益怎样呢？目前注册这个网站的消费者约有17.5万千人，葡萄酒酿造厂74个。该网站平均每天卖出的红酒为1万多瓶。NakedWines.com网站只收取交易额的10%作为手续费，它2011年的销售额突破了900万英镑（约8631万元人民币），取得了巨大成功。

该公司在运营中注重参与管理关系公司发展的核心合作商。在NakedWines.com上，最重要的是寻找和管理优质的红酒生产商。为此，NakedWines.com设立了专门的风险资金，为可确保红酒品质但资金短缺的生产商提供5万英镑（约48万元人民币）的风险投资，之后等红酒销售情况良好时再回收资金。

消费者也可以成为“天使”投资者，他们可以为看中的生产商每个月投资20英镑（约192元人民币），资助生产商生产红酒，目前约有5万名“天使”，月平均投资10万英镑（约96万元人民币）。有了这些投资，红酒生产商就不用再担心资金，可以全身心投入到红酒的生产中去了。

那么，NakedWines.com是怎么吸引市场另一头重要的利益人消费者的呢?

NakedWines.com把评价和选择红酒生产商的权利全部交给了消费者，由50多名消费者组成的资深红酒评价人员对注册的红酒生产商逐一进行评价、审核，目前有74个生产商通过了这一审核。

消费者在网页上可以看到红酒生产商的照片和介绍，虽然是短小的故事和简单的照片，但可以提高消费者对产品的信赖感和亲切度。消费者和生产商之间不仅仅是单纯购买红酒的关系，他们也可以成为相互交流、相互促进的同伴。该公司同时还将NakedWines.com的网页和推特链接起来，供消费者随时查看评论和反馈，借鉴其他顾客的反馈和推荐分数，以减少选择红酒时的错误。

日本著名的管理学家大前研一曾表示："21世纪的财富来自平台。"就像苹果公司、谷歌、亚马逊将公司业务的各个部分、环节连接起来，提供可以正常运转的平台一样，如今是这类企业获得财富的时代。考虑一下，像NakedWines.com一样，你能否也可以将市场中遇到的问题通过网络商务平台解决呢?

## 不浪费：
## 三星派千名职员到一个小企业学习什么？

日本的“丰田模式”在全世界引起了革新生产方式的风潮，无数企业引进了这套将丰田汽车公司打造成世界级企业的丰田模式，但是结果都不甚理想：不管是在生产效能上，还是在不合格产品的管理上，大多数企业都达不到丰田的水平。A公司是丰田的合作企业，也导入了丰田模式，但A公司的田中社长对他们的生产状况非常恼火：“为什么丰田可以，我们公司就不行？”这也是大多数公司都面临的问题。

但是，日本的另一个公司引进丰田模式后，就打造出了属于他们自己的卓越的生产系统，而且实现了比丰田还要高的生产效能，产品不合格率接近于零，创造这一奇迹的企业就是京三电机。京三电机主要为电装集团、丰田汽车公司、本田汽车集团等汽车生产商生产汽车燃料系统的核心部件。京三电机虽然是年销售额只有705亿日元（约44亿元人民币）、职员人数只有1600名的中型企业，其技术和产品品质却得到了世界的认可。为了向这家企业学习，提高自身竞争力，从20世纪90年代开始，三星等韩国大企业的数千名职员都曾到京三电机参加标杆学习型研修。京三电机究竟采用了什么生产革新模式，从而超越丰田模式的呢？

京三电机取得高生产效率的核心在于生产的标准化。京三电机的新进员工在进入公司的第一个星期就能赶上老员工的生产速度，因为京三电机把生产工序调整得非常单一、标准化和琐碎。由此生产人员通过最精细、最简单的动作就能实现高效率作业。而能够保持接近于零不合格率则得益于京三电机构筑的完美的质量管理体系。

在京三电机的生产现场，流水线上如果有不合格产品，机器就会自动停转，只有把不合格产品放入特定的不合格产品箱里，机器才会重新启动。企业连最细小的不合格都不会放过，这种努力使得京三电机在1981年获得了世界三大质量奖项之一的日本戴明奖。

当然，只通过提高生产效能、降低不合格率的方法还不能使京三电机具备核心竞争力，它还需要在其他方面不断做出改善。

每天早上7点30分，京三电机都会准时开一个早会，这不是个单纯的早会，而是激烈的讨论会。在早会上，中层管理人员会讨论改善生产现场问题的方案，以及要求在早会上确定的事项，相关人员必须在当天通知所有职员或下发指示。过去20多年来，京三电机一天都没耽误过这个早会。

而且，京三电机为了“更容易”发现生产现场的问题，掌握造成浪费的原因所在，在生产现场到处贴上管理标识，以反映现场状况，这样保证了相关人员可以及时发现问题，不断改善管理。比如，生产现场的所有职员戴着7种不同颜色的帽子，这是区分管理人员和生产人员以及研修人员的帽子。通过这种标识系统管理，相关人员很容易就能确认现场的生产运行是否正常。

小规模成为企业优势的例子还有戈尔和印孚瑟斯。戈尔以不断改革著称，它成功的秘诀是灵活的组织结构和沟通方式，为此该企业还限制了建筑物的规模，要求一个建筑物内的办公人员不能超过200个，因为该公司认为如果职员人数超过200就会产生沟通障碍。

印度企业印孚瑟斯技术有限公司最初以7名电脑编程人员起家，现在是首家在纳斯达克上市的印度公司。但是，他们直到目前也不急于扩张，就是为了限制顾客的数量。盲目扩张顾客人数，就会降低对当前客户的服务质量，所以他们只接受一定数量的顾客，结果该企业的顾客流失率保持在了10%以内。

“拧干毛巾最后一滴水”这是以实现零浪费为目标的丰田汽车公司的名言。其克服经济萧条的方法非常简单，就是提高生产效能，巩固产品品质，减少浪费，同时像京三电机一样不断实施改革和完善。